¿Gestar hijos para otros?

PALABRA

© Vicente Bellver Capella, Lukas Romero-Wenz, 2025
© Ediciones Palabra, S.A., 2025
  Paseo de la Castellana 210 - 28046 MADRID (España)
  Telf. (34) 91 350 77 20 - (34) 91 350 77 39
  www.palabra.es
  palabra@palabra.es
© Traducción: Almudena Ligero

Diseño de portada: Equipo editorial
ISBN: 978-84-1368-420-8
Depósito Legal: M-146-2025
Impresión: Gohegraf, S.L.
Printed in Spain - Impreso en España

VICENTE BELLVER CAPELLA
LUKAS ROMERO-WENZ

¿Gestar hijos para otros?

*Dilemas éticos y jurídicos de
la maternidad subrogada*

dBolsillo

– ÍNDICE –

INTRODUCCIÓN

En marzo de 2023, todas las revistas del corazón de España y de medio mundo se hacían eco del nacimiento de una niña que aparecía en brazos de una actriz y presentadora extraordinariamente popular en España. Esa niña había sido concebida con el esperma del hijo de esa mujer, fallecido dos años antes, el óvulo de una donante anónima, y gestada en el vientre de una mujer residente en Estados Unidos de la que tampoco se supo nada. La actriz tenía 68 años en ese momento y era la abuela biológica de la niña y su madre legal. Difícil de seguir, ¿no? Aunque en la maternidad subrogada encontramos casos más fáciles que este, es frecuente que presenten una complejidad notable y que susciten muchas preguntas. En el que acabamos de contar, de inmediato se suscitó una polarizada y poco ejemplar controversia en las redes sociales acerca de si la afamada presentadora tenía o no una edad adecuada para criar a una recién nacida. Por supuesto, el debate político sobre la maternidad subrogada, que parecía adormecido en España después de unos años en los que incluso se habían presentado iniciativas legislativas en el Parlamento para regularla, volvió por unos meses a los pasillos del Congreso de los Diputados.

Más allá de este caso concreto, y de los que puedan ser objeto de la atención mediática en el futuro, debemos reconocer que la maternidad subrogada es un asunto de gran interés y controversia por parte de la opinión pública de todo el mundo a causa, sobre todo, del incontable número de *celebrities* que han recurrido a ella para tener hijos. Entre los padres famosos que han tenido hijos por gestación subrogada se encuentran Elton John, George Lucas, Cristiano Ronaldo, Sarah Jessica-Parker, Nicole Kidman, Kim Kardashian y Kanye West, Khloe Kardashian, Paris Hilton, y tantos otros. Estas paternidades, además de copar las portadas de las revistas del corazón y de los medios de información general, han sido en algunos casos criticadas porque se entendía que la opción por la maternidad subrogada no tenía que ver con la imposibilidad para gestar, sino con el deseo de tener un hijo sin tener que pasar por el embarazo.

Pero junto a estas noticias, la maternidad subrogada también ha estado vinculada a graves escándalos: las condiciones próximas a la esclavitud en las que vivían confinadas las mujeres indias que gestaban para personas extranjeras hasta que se prohibió la maternidad subrogada internacional en India en 2015; el matrimonio australiano que dejó en manos de la mujer que les había gestado unos mellizos a uno de ellos porque nació con síndrome de Down; el multimillonario japonés Mitsutoki Shigeta, que quiso formar «una familia» extraordinariamente numerosa, con más de 16 hijos, recurriendo a vientres de alquiler de Tailandia.

Aunque sean las *celebrities* o los escándalos los que llaman la atención, la mayor parte de los casos de maternidad subrogada corresponden a parejas anónimas, heterosexuales u homosexuales, que no pueden tener un hijo gestado por ellas y se lo encargan a una mujer para que lo haga. Este tipo de casos va a seguir creciendo de forma sostenida en los próximos años. En 2020 el negocio de la maternidad subrogada movía cerca de 10 000 millones de dólares en el mundo. Se prevé que este mercado crezca hasta los 14 000 millones de dólares en 2032. Entre las razones de este aumento exponencial se contemplan las siguientes: los crecientes niveles de infertilidad en todo el mundo; el aumento del número de parejas del mismo sexo que buscan tener hijos; el deseo de las parejas (tanto heterosexuales como homosexuales) de tener descendencia genéticamente vinculada al menos a uno de ellos; la disminución en el número de niños para dar en adopción; la mayor aceptación social de las formas de familia más variadas; y el notable incremento en el número de clínicas de fertilidad en todo el mundo, incluso en países donde antes ese servicio era escaso. El hecho de que la maternidad subrogada comercial genere beneficios económicos para todos los que participan en ella —gestantes, abogados, mediadores, clínicas de reproducción asistida— contribuye también de forma decisiva a incrementar la oferta de estos servicios y a que sean crecientemente demandados.

Desde que existe la humanidad, la maternidad siempre ha estado vinculada a la biología: madre es la que pare. Los romanos lo sintetizaron en la máxima: *Mater semper certa est*. La madre siempre es conocida porque es la que pare al bebé. Con la maternidad subrogada, este modo de proceder salta por los aires. En estos casos, la mujer que pare ya no será la madre; simplemente será la gestante del niño y los padres serán quienes le hayan encargado esa gestación. Para justificar este nuevo modo de proceder, se parte del presupuesto de que todas las personas tienen derecho a ser padres y que las «trabas biológicas», como sería la de carecer de la capacidad para gestar, no deben impedirlo si existe un modo de sortearlas. Pero ¿es irrelevante que los hijos sean gestados por mujeres que no serán sus madres y que, en definitiva, un hijo acabe teniendo una «madre» biológica y una madre legal? ¿Y es inocuo para la libertad y la dignidad de una mujer prestar este servicio de gestar para otros?

Como acabamos de ver, es más que previsible que siga creciendo el negocio de la maternidad subrogada. Y, en todo caso, se trata de una práctica que plantea cuestiones de gran trascendencia porque están relacionadas con nuestra autocomprensión como hijos y con la justicia. Por un lado, la maternidad subrogada lleva a preguntarnos qué valor tiene para nuestra existencia el participar de una condición filial. Por otro, nos interpela a identificar los derechos que corresponden a las dos partes más directamente afectadas en ese proceso: a la mujer que cede su cuerpo a otras personas para que puedan gestar en él a un hijo, y al niño que es resultado de este procedimiento.

En las siguientes páginas pretendemos ocuparnos de estos desafíos. Empezaremos por la parte más filosófica, preguntándonos en qué consiste ser padre y madre. Nos parece que la clave para hacer una valoración ética adecuada de la maternidad subrogada está en la respuesta que demos a esa pregunta. Pero antes parece conveniente ofrecer una panorámica del fenómeno social de la maternidad subrogada en toda su complejidad. Veremos entonces que existen muchas modalidades de llevarla a cabo y cada una de ellas presenta problemas específicos. En la segunda parte, más jurídica, nos ocuparemos primero de la maternidad subrogada internacional, que es la que más ha crecido en los últimos años y la que previsiblemente más crecerá en el futuro. Esta modalidad resulta especialmente inquietante porque, en la mayoría de los casos, se trata de gestaciones que llevan a cabo mujeres con pocos recursos de países en desarrollo para personas pudientes de países desarrollados. A continuación, nos dedicaremos a explorar las propuestas de regulación de la maternidad subrogada que se han hecho con el objeto de hacerla posible, al tiempo que se evita la explotación de las gestantes, y se garantizan los derechos de los niños así nacidos.

Aunque sea hacer *spoiler*, nos permitimos anticipar al lector la doble conclusión a la que hemos llegado tras escribir el libro. Consideramos que recurrir a la maternidad subrogada es contrario al buen entendimiento de lo que significa ser madre o padre. La simple paternidad de deseo no legitima la desvinculación entre maternidad biológica y legal. Y con independencia de que se comparta o no la visión antropológica que nos lleva a la conclusión que acabamos de apuntar, entendemos que no es posible articular una regulación de la maternidad subrogada que garantice los derechos de la gestante y del niño. En consecuencia, no se debería aprobar una práctica que inevitablemente trae consigo explotación de la mujer y desprotección del niño.

Si nos permitimos presentar las conclusiones en la misma introducción al libro, no es para que el lector, al llegar hasta aquí, piense que ya puede dejar de leerlo, sino, más bien, para que se sienta estimulado a conocer con detalle las razones que nos llevan a estas dos conclusiones. Como es bien sabido, el debate sobre qué hacer con la maternidad subrogado está lejos de resolverse. Para lograr avances se necesitan más argumentos lógicos y razonables, y menos prejuicios. Este debate, como tantos otros actualmente en la sociedad, está muy polarizado y dominado por las emociones. En las siguientes páginas ofrecemos al lector los argumentos que hemos sido capaces de encontrar, y que hemos podido confrontar con colegas que piensan de forma notablemente distinta de la nuestra y con los que, sin embargo, hemos mantenido en todo momento una magnífica relación. Confiamos en que, más allá de que el lector llegue o no a compartir estos argumentos, le sirvan de estímulo, para pensar más a fondo sobre este asunto que directa o indirectamente nos concierne a todos.

Capítulo I
LA ENREVESADA CUESTIÓN DE LA MATERNIDAD SUBROGADA

1. Los primeros pasos y los antecedentes remotos

En 1978 nació Louise Brown, la mundialmente conocida por ser la primera «niña probeta», es decir, la primera niña concebida por medio de las técnicas de reproducción asistida. Louise nació del matrimonio formado por Lesley y John Brown. Después de nueve años intentando un embarazo, que no lograba por causa de una obstrucción en las trompas de Falopio, el matrimonio Brown se puso en manos de los doctores Robert Edwards y Patrick Steptoe y de la enfermera y embrióloga Jean Purdy, para ensayar la fecundación *in vitro* por primera vez en seres humanos. El experimento fue exitoso y, de hecho, años después, tuvieron otra hija por esta misma técnica.

Inicialmente pareció que el fin de las técnicas de reproducción asistida era procurar un hijo a aquellas parejas que no podían tenerlos de forma natural. Pronto, sin embargo, se vio que esa técnica no solo podía emplearse con ese fin, sino con el de ofrecer una alternativa a la del encuentro sexual. Así, una mujer sola podía acudir a una clínica de reproducción asistida y quedarse embaraza sin contar con una pareja ni acreditar un problema de infertilidad. Aunque algunos países se resistieron a autorizar ese uso de las técnicas de reproducción asistida, y únicamente permitían el acceso a parejas con problemas de infertilidad, la mayoría de los países permitieron a cualquier mujer sola mayor de edad acudir a estas técnicas para tener un hijo. Se empezaba a hablar de la existencia de un derecho de las mujeres a tener un hijo.

Pero si existía ese derecho a tener un hijo, ¿por qué una mujer sola podía beneficiarse de estas técnicas para tener el hijo deseado y, en cambio, una mujer con problemas para gestar a un bebé no podía tener un hijo? Más aún, ¿por qué una mujer sola podía tener un hijo por esa vía y, en cambio, un varón no? La respuesta obvia a esas dos preguntas era la misma: porque no tenían un útero funcional para gestar al bebé. Para sortear estos «obstáculos impuestos» por la biología se propuso una práctica dirigida a incrementar el número de individuos que pudieran satisfacer el deseo de tener descendencia, aunque carecieran de útero: la maternidad subrogada.

Aunque el primer contrato legal de maternidad subrogada tuvo lugar en 1976 en Estados Unidos, este fenómeno eclosionó a nivel mundial cuando empezó a existir una oferta suficiente de gestantes y cuando se consiguió que esas gestantes no tuvieran relación genética con los hijos que gestaban. Lo primero se consiguió con la internacionalización del proceso y contribuyó a reducir el precio del servicio. Lo segundo se consiguió cuando las gestantes empezaron a recibir embriones fecundados *in vitro* sin vinculación genética con ellas y redujo sensiblemente el riesgo de conflictividad futura entre los comitentes[1] y la gestante por el bebé.

En primer lugar, como decimos, resultó determinante para la expansión de la maternidad subrogada que se abriera la posibilidad de acudir a gestantes de otros países, principalmente

---

[1] En la maternidad subrogada participan principalmente tres partes. En primer lugar, las personas que recurren a la maternidad subrogada para satisfacer su deseo de paternidad. Para referirnos a ellas utilizamos el término «comitentes». En segundo lugar, las mujeres que asumen el encargo de gestar el bebé para los comitentes. A ellas las llamamos gestantes. Y, por último, tenemos al niño que nace de una mujer que no será su madre, sino solamente la que lo ha gestado.

de países en desarrollo. Esto creó un mundo de oportunidades tanto para los futuros padres, que podían encontrar con más facilidad y en unas condiciones económicas más asequibles a una mujer dispuesta a gestar para ellos. Durante los primeros años de este siglo, India se convirtió en un destino preferente de muchas personas de todo el mundo que encontraban en ese país clínicas de reproducción asistida con los mejores estándares internacionales, mujeres dispuestas a gestar para ellos a un precio asequible, y un régimen de vigilancia sobre esas mujeres que garantizaba que llevarían adelante el embarazo en las condiciones requeridas por los comitentes. Más adelante nos ocuparemos con detalle de la maternidad subrogada internacional.

En segundo lugar, fue crucial la consolidación de la maternidad subrogada meramente gestacional. En los primeros contratos de este tipo, la gestante era sometida a una inseminación artificial y, en consecuencia, el hijo que gestaba era genéticamente suyo y del varón que hubiese aportado el esperma. Este doble vínculo de la gestante con el niño (genético y gestacional) incrementaba el riesgo de que la mujer quisiera quedarse con el bebé después de haberlo parido y que el proceso acabara en conflicto. Es lo que sucedió en el famoso caso Baby M, del que luego nos ocuparemos.

Desde mediados de los ochenta del pasado siglo, con las técnicas de fecundación *in vitro* ya consolidadas, la inmensa mayoría de las mujeres ya solo aportaban la gestación. El embrión era fecundado *in vitro* con los gametos de los comitentes o de donantes, pero en ningún caso, de la gestante. El primer niño así nacido es de 1985. Los comitentes fueron un matrimonio de Estados Unidos. La mujer no podía gestar porque tenía dañadas las trompas de Falopio por una enfermedad infantil. Cada uno de ellos pudo aportar el gameto masculino y femenino, respectivamente. El embrión resultante de la fecundación *in vitro* de esos gametos fue transferido a una gestante, que estaba casada y ya tenía un hijo propio.

En 1990, el Tribunal Supremo de California tuvo que resolver un asunto en el que una mujer, que había firmado un contrato de maternidad subrogada para gestar un embrión fecundado *in vitro* con los gametos de un matrimonio que no podía gestar y quería tener un hijo, se negaba a entregar el bebé tras su nacimiento. En una sentencia que se hizo famosa, Johnson v. Calvert, el tribunal declaró que un acuerdo de gestación subrogada era un acuerdo legalmente vinculante y que, por tanto, debía ser respaldado por los tribunales. Este respaldo jurisdiccional constituyó un punto de inflexión legal importante para las gestaciones subrogadas y, en particular, para aquellas en las que la mujer solo gestaba y no aportaba el óvulo.

Que una mujer tenga un hijo y luego otra ejerza de madre no es una novedad en la historia, ni requiere de tecnología alguna para hacerlo posible. Ya en el Antiguo Testamento nos encontramos con dos casos especialmente famosos, e incluso con un tercero que también podría incluirse dentro de la categoría de maternidad subrogada en sentido amplio. El primero es el de Sara, la mujer de Abraham, quien, no pudiendo tener hijos, propuso a su esposo que tuviera descendencia por medio de su esclava Agar (*Gn* 16). También Raquel, la esposa de Jacob, como no conseguía dar hijos a su esposo, recurrió a su esclava Bilhá, para que concibiera uno con su esposo (*Gn* 30). En concreto, le dice a él: «Ahí tienes a mi criada Bilhá; únete a ella y que dé a luz sobre mis rodillas: así también yo ahijaré de ella». Esta descripción resuena, muchos siglos después, en la conocida novela de Margaret Atwood, *El Cuento de la criada* (1985), de la que nos ocuparemos más adelante. El tercer relato (que está más próximo a una adopción que a la maternidad subrogada, pero se diferencia y presenta similitudes con ambas) es el nacimiento de Moisés, cuya madre gestacional (que además lo amamantó) fue distinta de su madre legal, la hija del Faraón (*Ex* 2, 1-10). Pero también en la literatura, y en especial en la contemporánea, como hemos visto, encontramos relatos que nos hablan de esta práctica de gestar para otros.

La principal novedad que ofrece la maternidad subrogada actual con respecto a las formas antiguas de gestar para otros consiste en que ahora las gestantes no tienen que mantener relaciones sexuales para proporcionar este servicio. Por lo general, los gametos se fusionan en el laboratorio mediante la fecundación *in vitro* y el embrión resultante es transferido a la gestante. También es posible, aunque ahora apenas se recurre a esta opción, que la mujer sea inseminada artificialmente con el esperma del comitente. Es lo que sucedió en el famoso caso de Baby M y, como vemos a continuación, se demostró que esta forma de maternidad subrogada resulta sumamente problemática y prácticamente ha desaparecido.

2. El caso de Baby M

El matrimonio formado por William y Elizabeth Stern no se atrevía a tener hijos porque ella sufría de esclerosis múltiple y se inquietaba ante los graves riesgos para su salud que podía traer consigo el embarazo. En marzo de 1984 pusieron un anuncio en la prensa para buscar a una mujer dispuesta a ayudar a una «pareja infértil» a tener un hijo. La mujer elegida entre las que se ofrecieron fue Mary Beth Whitehead, una mujer sin estudios y casada con un hombre que trabajaba en la recogida de basura.

William Stern y Mary Beth Whitehead firmaron un acuerdo de subrogación por el que Mary Beth sería inseminada con el esperma de William. En caso de que quedara embarazada y diera a luz a un bebé, renunciaría a sus derechos maternales en favor de la mujer de William, Elizabeth.

Dos años después de poner el anuncio, el 27 de marzo de 1986, Mary Beth dio a luz a una hija y le puso el nombre de Sara Elizabeth Whitehead. Tres días más tarde, Mary Beth entregó el bebé a William y Elizabeth, quienes le cambiaron el nombre por el de Melissa Elizabeth Stern. Al día siguiente de entregar a la bebé, Mary Beth exigió al matrimonio Stern que se la devolvieran. Mary Beth se llevó a la niña y abandonó Nueva Jersey, donde vivían los Stern. Los Stern la denunciaron. La situación era complicada. La niña era la hija biológica de Mary Beth y de William. Pero Mary Beth, en contra de lo acordado, ni renunció a quedarse sin su hija, ni mucho menos a su derecho a ser la madre.

El 31 de marzo de 1987, un juez de New Jersey dio por bueno el contrato de subrogación y concedió la custodia de la bebé a los Stern, amparándose en lo que consideraba el interés superior del menor. Esta decisión fue recurrida y, en febrero de 1988, la Corte Suprema de New

Jersey declaró nulo el contrato de subrogación y confirmó que la madre de la niña era Mary Beth. La Corte remitió el caso al Tribunal de Familia, que dictó que la custodia de la niña correspondía al matrimonio Stern, y concretó los derechos de visita de Mary Beth a su hija. En marzo de 2004, cuando la niña alcanzó la mayoría de edad, renunció a la maternidad de Mary Beth y consiguió la adopción por parte de Elizabeth Stern, esposa de su padre. Para entonces Mary Beth se había divorciado de su primer marido, con quien había tenido dos hijos, se había vuelto a casar y tenido otros dos hijos.

Ya hemos dicho que este caso no fue el primero de maternidad por sustitución en el mundo, pero sí el que más atención suscitó en la opinión pública mundial hasta ese momento. La madre, Mary Beth, escribió un libro de sus experiencias con acusaciones muy graves hacia el matrimonio Stern. El asunto alcanzó tal notoriedad que fue objeto de una miniserie. Por un lado, era fácil empatizar con un matrimonio deseoso de tener un hijo, pero que tenía importantes dificultades de salud para intentarlo. Por otro, se comprendía perfectamente que Mary Beth, a pesar de haber firmado el contrato, se resistiese a entregar a su hija una vez nacida. Al fin y al cabo, era genética y biológicamente suya: ella había aportado el óvulo y había gestado a la bebé.

También se comprendía que los tribunales de justicia atribuyeran la custodia al matrimonio Stern: él era el padre genético y legal, tenían una posición social y económica idónea para garantizar el bienestar de la niña, y se mantenían firmes en lo que habían acordado con Mary Beth. Pero, al mismo tiempo, había buenas razones para estimar legítima la demanda de Mary Beth de quedarse con la niña. Ponerlo en duda por entender que carecía de la posición económica y social adecuada para cuidar de la niña era una manifestación de aporofobia, de odio al pobre.

De toda esta controversia se obtuvieron dos lecciones. Primera, que la gestación por sustitución era una práctica de gran riesgo tanto para la mujer gestante, que podía ser objeto de explotación o ver lesionados sus derechos, como para el hijo, porque podía dejarle completamente desprotegido. Segunda, que era una mala idea dejar que la mujer gestante fuera quien aportara el óvulo porque entonces ya no se trataba únicamente de una mujer que gestaba para otros, sino de una madre genética y gestacional. Para evitar este problema, la mayor parte de los países que regulan la gestación por sustitución en el mundo desaconsejan o directamente prohíben que la gestante aporte el óvulo.

Al hablar de la maternidad subrogada, se la ha querido presentar como una técnica de reproducción asistida, para revestirla del halo de innovación y de legitimidad moral con que suelen ser vistos los llamados «avances biotecnológicos». Pero no lo es. La maternidad subrogada simplemente consiste en atribuir la filiación de un recién nacido a una persona distinta de la mujer que lo ha gestado y parido. Y eso, como hemos visto, se ha venido haciendo desde los tiempos más remotos, aunque de forma excepcional. El hecho de que ahora los embriones se obtengan de alguna de las técnicas de reproducción asistida, como la fecundación *in vitro* o la inseminación artificial, no quiere decir que la maternidad subrogada como tal lo sea.

3. La opinión pública frente a la maternidad subrogada

Existe una tendencia en los medios de comunicación a presentar los debates sobre las cuestiones bioéticas más controvertidas en términos simplistas y polarizados. Independientemente de que la opinión pública debata sobre el aborto o la eutanasia, la reproducción asistida o la investigación con células madre, parece que siempre existan solo dos posiciones y siempre las mismas: la conservadora, ligada a creencias religiosas irracionales, que renuncia por principio a todo progreso científico y se empeña en imponer sus prejuicios morales a toda la sociedad; y la progresista, que aboga por la emancipación del ser humano respecto de aquellas limitaciones que le imponen tanto la biología como las visiones oscurantistas sobre el mundo.

Esta visión es palmariamente errónea. Está por demostrar que las llamadas «posiciones religiosas ultraconservadoras» (que para algunos están representadas principalmente por la Iglesia católica y concretamente la Santa Sede) se opongan al progreso científico y a la libertad de la persona. Al contrario, todos los documentos pontificios que se han ocupado de estos temas desde el Concilio Vaticano II avalan la importancia del progreso científico y, al mismo tiempo, la exigencia de que el progreso científico no se alcance a costa de la dignidad humana.

Una mirada más atenta a la realidad nos desvela la falsedad de la presentación simplista y maniquea que se hace de los debates bioéticos. Ni siquiera en los debates más «clásicos», como los del aborto o la eutanasia, se puede sostener con rigor la división entre fanáticos religiosos que pretenden imponer su moral particular y razonables progresistas que buscan conquistar espacios de libertad para los individuos. No es una lucha entre bioética religiosa y bioética laica. Así, por ejemplo, la protección de la vida humana desde la concepción hasta la muerte natural se puede defender, y se ha defendido, con base en muy diversos argumentos y no solo en el de la sacralidad de la vida.

Pero a medida que las biotecnologías han propiciado nuevas formas de intervención sobre el ser humano, se ha hecho más patente aún la insuficiencia del esquema explicativo maniqueo, según el cual, solo los religiosos ultraconservadores (es decir, los «oscurantistas») se oponen sistemáticamente a todos los «progresos» biotecnológicos. En la actualidad resulta ridículo hablar de solo dos posiciones y siempre las mismas ante los nuevos desafíos de las biotecnologías: los contrarios a todo avance social (que son los *pro-life*, religiosos, conservadores y opuestos a la ciencia) y los favorables al progreso (que son *pro-choice*, laicistas y favorables a la ciencia). Son tantos los aspectos de la vida humana que quedan afectados por la reproducción humana asistida, la investigación con células madre embrionarias, las intervenciones genéticas en la línea germinal humana, la clonación reproductiva, el mejoramiento humano (*human enhancement*) o la maternidad subrogada, que las posiciones éticas con relación a ellas son cada vez más diversas y están más matizadas. Así, por ejemplo, permitir o eliminar el anonimato en la donación de los gametos en las técnicas de reproducción humana asistida es una cuestión controvertida en la que la diversidad de posiciones no se puede ordenar con arreglo al esquema explicativo maniqueo. Lo mismo ocurre en el campo de la investigación con células madre embrionarias. ¿Permitimos, o no, crear embriones humanos mediante clonación para utilizarlos en la investigación? ¿Pagamos o no por los óvulos humanos destinados a la investigación? También aquí las respuestas son muy distintas y no están necesariamente predeterminadas por las mencionadas adscripciones, tan simplistas como falsas. No deja de llamar la atención que los presuntamente partidarios de la ciencia sean tan poco rigurosos a la hora de describir las posiciones sociales frente a las biotecnologías aplicadas al ser humano.

Pues bien, si hay un debate bioético en el que el esquema explicativo maniqueo no da cuenta de la diversidad de posiciones existentes en la opinión pública, es el de la maternidad subrogada. Más aún, nos encontramos con que dentro de una misma ideología, religión o pensamiento filosófico existen respuestas opuestas ante esta práctica. Así, dentro del feminismo existe una corriente mayoritaria de rechazo a la maternidad subrogada que rivaliza con otra favorable, con más o menos límites. Entre quienes subrayan el papel del principio de vulnerabilidad en la regulación de materias como esta, los hay contrarios y favorables a la maternidad subrogada. También algunos ecologistas rechazan esta práctica mientras que otros se muestran indiferentes o la aprueban.

Tanto en la izquierda como en la derecha política encontramos posiciones favorables y contrarias. Concretamente, en países como Francia, España o Portugal han sido precisamente la izquierda política y el movimiento feminista los que han encabezado el rechazo a su legalización. Un diario nada sospechoso de defender la doctrina moral de la Iglesia católica, como es el francés *Libération*, publicó en 2015 un manifiesto contrario a la maternidad subrogada sin paliativos con la firma de personalidades de la izquierda cultural tan distintas como la filósofa Sylviane Agacinski y el filósofo Michel Onfray (ateo declarado), o el conocido activista y exeurodiputado del partido de Los Verdes José Bové. La conclusión del escrito era tajante: «Creemos que debe prohibirse la gestación para otro porque constituye una violación de los derechos humanos de las mujeres y de los niños». En Portugal, uno de los pocos países europeos que regula la maternidad subrogada, el Partido Comunista se opuso en todo momento a esa ley. En España, Podemos y Sumar vienen rechazando esta práctica, mientras que el PP y el PSOE han mantenido posiciones más equívocas como consecuencia de sus divisiones internas en este asunto. Dos filósofas españolas de reconocida adscripción progresista, como son Victoria Camps y Amelia Valcárcel, encabezaron el manifiesto que llevaba como título «No somos vasijas» y que se publicó cuando el grupo parlamentario Ciudadanos impulsó una iniciativa legislativa para regular la maternidad subrogada en España en 2017. En ese manifiesto se decía con contundencia: «El deseo de paternidad/maternidad nunca puede sustituir o violar los derechos que asisten a las mujeres y los y las menores. El deseo de ser padres-madres y el ejercicio de la libertad no implica ningún derecho a tener hijos. Por ello mostramos nuestro absoluto rechazo a la utilización de los vientres de las mujeres con fines de gestación para otros/as».

Incluso en el campo de la religión encontramos posiciones fuertemente enfrentadas. Dos de los primeros teólogos que se ocuparon de forma más concienzuda de los aspectos éticos de las tecnologías reproductivas artificiales (y de la maternidad subrogada) en los años setenta del pasado siglo, como fueron Paul Ramsey y Joseph Fletcher, mantuvieron posiciones radicalmente enfrentadas. Mientras el primero sostuvo una posición crítica frente a ellas, por entender que conducían a la deshumanización de la procreación humana, el segundo las vio como un instrumento de emancipación del ser humano frente al yugo biológico.

Es interesante recordar que uno de los informes sobre los aspectos éticos de la reproducción artificial que más influencia han tenido en las regulaciones de esta materia en muchos países del mundo, como fue el Informe Warnock (1984), a pesar de mantener una posición abiertamente a favor de las técnicas de reproducción asistida, se mostró contrario a la maternidad subrogada. De hecho, la primera ley española sobre reproducción asistida (1988), que fue una de las primeras del mundo en regular esta materia y estuvo en buena parte inspirada por el mencionado informe Warnock, prohibió la maternidad subrogada al establecer que el nacimiento siempre determinaba la maternidad. Este criterio se mantuvo inalterado en la vigente ley 14/2006 de técnicas de reproducción humana asistida y ha sido confirmado por la última reforma de la ley del aborto de 2024.

En conclusión, la división entre derecha ultraconservadora y represiva e izquierda progresista y liberal ha saltado por los aires en la mayoría de los debates bioéticos y, de forma muy elocuente, en el que trata sobre maternidad subrogada. Y no solo eso. La constatación de que las categorías retrógrado y progresista, empleadas para clasificar y descalificar a quien se considerara que no está «en el lado correcto de la historia», ha alcanzado a movimientos. Dentro del feminismo, las posiciones se han fragmentado frente a tres cuestiones de gran impacto sobre la libertad y la dignidad de las mujeres: la mencionada cuestión de la maternidad subrogada, la prostitución y la ideología *queer*.

4. Terminología y tipología de la maternidad subrogada

Aunque el término que venimos utilizando para referirnos a la práctica de gestar un bebé para otros que serán sus padres legales es el de maternidad subrogada, existe una notable discrepancia sobre qué término es el más idóneo. Dependiendo del aspecto que se quiera destacar y, sobre todo, de la valoración ética que se haga, se recurre a uno u otro: maternidad subrogada, alquiler de vientres, gestación subrogada, gestación por sustitución, maternidad de alquiler, maternidad por sustitución, etc.

Fijémonos en la expresión «vientres de alquiler». Para unos es un eufemismo, pues lo que se alquila no es un vientre, sino propiamente a una madre, a una mujer que compromete su integridad durante nueve meses para gestar a un bebé que, a pesar de ello, no llegará a ser legalmente suyo. Otros, por el contrario, entienden que este término tiene una connotación moral negativa, al hablar de alquiler de una parte del cuerpo de la mujer, cuando lo que hace es prestar un servicio de gestación para que otras personas puedan ver satisfecho su deseo de ser padres.

La «batalla» por las palabras es importante porque nuestra disposición a aceptar o no determinada acción estará en alguna medida condicionada por el término con el que la mencionemos. En todo caso, para evitar que la pugna terminológica se convierta en una dificultad a la hora de llevar a cabo la reflexión ética, en el libro recurriremos indistintamente a los términos «maternidad subrogada», «gestación subrogada» o «gestación por sustitución». Aun siendo conscientes de que cada uno de ellos posee cierta carga valorativa, que puede contribuir a reforzar una u otra posición, preferimos dejar a un lado el debate terminológico y centrarnos en los argumentos. En todo caso, conviene tener presente que el término «maternidad subrogada» es el que se usa de forma más general y que el término recogido por las leyes de España es el de «gestación por sustitución».

Aunque, como venimos diciendo, la maternidad subrogada es algo tan sencillo como atribuir la filiación de un niño a una persona distinta de la mujer que lo gestó, las formas de llevarla a cabo son muchas y pueden llegar a ser bastante complejas y problemáticas. Los tipos de maternidad subrogada dependerán de los siguientes elementos: (1) la finalidad con la que actúa la gestante; (2) las condiciones de entrega del bebé; (3) el origen de la dotación genética del bebé; (4) el tipo de padres legales que tendrá el bebé resultante de la maternidad subrogada; (5) la causa por la que se recurre a la subrogación; (6) la localización geográfica de los comitentes y la gestante; (7) el nivel de conocimiento y libertad de la gestante; (8) las características de la relación jurídica entre comitentes y gestante; (9) la existencia o no de un marco legal que garantice la seguridad jurídica de la maternidad subrogada; (10) la existencia o no de vínculos familiares o afectivos entre la gestante y el o los comitentes.

(1) La finalidad con la que actúa la gestante puede ser altruista o lucrativa. En el primer caso, la mujer no percibe retribución por su servicio, sino únicamente compensación por los gastos o la pérdida de ingresos que le ocasiona la gestación. En los casos de gestación altruista puede haber una relación previa (familiar o de amistad) entre la gestante y los comitentes, pero no necesariamente. De hecho, encontramos leyes que solo permiten la maternidad subrogada altruista con un pariente y otras, en cambio, en las que se prohíbe que exista ese vínculo. En el último capítulo veremos las razones que se dan para defender una u otra postura. En la mater-

nidad subrogada lucrativa, la gestante presta un servicio a cambio de una retribución. Aunque lo más frecuente es que las gestantes se sometan a este procedimiento por necesidad económica, no siempre es así. La excepción que siempre se menciona es Estados Unidos, en la que se pueden encontrar mujeres que, sin encontrarse en una situación de necesidad, ofrecen el servicio de gestar para otros a cambio de dinero.

(2) Las condiciones de la entrega del bebé. Encontramos dos modelos principales. El primero establece que la gestante tiene libertad, en los días siguientes al parto, para decidir si finalmente entrega a los comitentes el bebé que ha parido o se lo queda ella. El segundo, y el más extendido en todo el mundo, dispone que el bebé pertenece a los comitentes desde el inicio del proceso y debe ser entregado en todo caso a los comitentes tras el parto.

(3) El origen de la dotación genética del bebé. Los gametos empleados para fecundar al embrión que será sometido a la gestación por sustitución pueden tener las procedencias más diversas. El óvulo puede proceder de la madre gestacional, de la comitente (si la hay) o de una tercera mujer, que lo haya donado o lo haya vendido. El esperma, a su vez, puede proceder del comitente o de un varón ajeno al proceso, en las mismas condiciones que el óvulo (donación o

compraventa). Las combinaciones posibles son seis. El hijo puede tener como «padres genéticos»: al varón y a la mujer comitentes de la gestación subrogada (caso típico de pareja heterosexual que no puede gestar pero puede aportar los gametos); al comitente y a una donante del óvulo (caso típico de una pareja o individuo homosexual); a un donante de esperma y a la comitente (en los casos de mujeres solas o de parejas de mujeres homosexuales); al comitente y a la mujer gestante; a un donante de esperma y a la mujer gestante; y a un donante de esperma y a una donante de óvulo (siendo estos tres últimos casos bastante improbables). Cada una de estas combinaciones repercutirá de manera distinta en el hijo, dependiendo, sobre todo, de que se establezca o no el anonimato sobre los donantes de los gametos. Obviamente, en el momento en que se puedan crear y utilizar gametos artificiales para la reproducción se incrementarán las combinaciones posibles de la carga genética de los bebés obtenidos mediante maternidad subrogada.

(4) El número y tipo de padres legales que tendrá el hijo. A la maternidad subrogada puede recurrir una pareja heterosexual (esos fueron los primeros casos, siguen siendo los más frecuentes y son los que más han contribuido a obtener la legitimación social para esta práctica), una pare-

ja homosexual de varones o mujeres, una mujer o un varón solo, más de dos personas en modalidades diversas (poligámica o poliamorosa), o incluso una persona jurídica. Hasta el momento, no se conoce que se hayan dado las dos últimas.

(5) La causa de la subrogación. Puede ser una razón médica, como es la incapacidad de una mujer para gestar; una imposibilidad biológica, cuando un varón o una pareja de varones quieren ser padres y carecen de un útero para gestar al bebé; o una razón profesional, social o personal (por ejemplo, cuando la mujer no quiere gestar por los inconvenientes que tendría para su vida profesional, o porque tiene miedo o disgusto por la gestación).

(6) La localización geográfica de los comitentes y la gestante. Ambos pueden ser del mismo país, e incluso estar próximos y tener un contacto continuado (como puede ser el caso de que la gestante sea una persona de la familia o una amiga), o ser de países distintos, de modo que la gestante lleva a término su embarazo y da a luz en un país distinto al de los comitentes. En estos casos, cabe presumir que no existía relación previa entre ambas partes y que tampoco se mantendrá una vez se haya producido la entrega del bebé. Esta modalidad de maternidad subrogada internacional es la que más ha crecido y la que previsiblemente más seguirá creciendo.

(7) El nivel de conocimiento y libertad de la gestante. Aunque se suele dar por supuesto que la gestante es una mujer que consiente con pleno conocimiento y libertad a la realización de ese servicio, es una ingenuidad pensar que siempre es así. Más bien hay que aceptar que circunstancias de todo tipo, entre las que indudablemente ocupan un lugar preeminente las escasas garantías jurídicas que pueden rodear a la subrogación, determinan el nivel de conocimiento y libertad de la gestante. En la maternidad subrogada internacional, como veremos en el capítulo siguiente, es donde mayor riesgo existe de que la gestante preste un consentimiento viciado.

(8) Las características de la relación jurídica entre comitentes y gestante. También aquí encontramos muy diversas variables. Puede existir un contrato escrito que prevea minuciosamente las principales eventualidades que puedan suceder o uno que solo contemple las exigencias generales. Por lo general, la relación entre gestante y comitente se llevará a cabo mediando un agente, que bien puede ser una empresa que ofrece el servicio reproductivo completo a los comitentes, un mediador que pone en contacto a los comitentes con la gestante o incluso una agencia pública que lleva a cabo o vela por el buen desarrollo de todo el proceso. Se ha llegado a proponer que sean mujeres profesionalmente dedicadas a

gestar para otras las que se encarguen de hacerlo bajo la supervisión del Estado.

(9) La existencia o no de un marco legal que garantice la seguridad jurídica de la maternidad subrogada. Tenemos países que la prohíben; que no han regulado específicamente esta materia; que la han regulado pero no son capaces de garantizar su cumplimiento con carácter general; y países en los que existe una normativa clara y que se cumple. Cuando se trata de subrogaciones internacionales, y entran en juego regulaciones de dos países distintos, es muy fácil que se den graves situaciones de incertidumbre y desprotección jurídica para todas las partes implicadas, aunque de forma muy especial para los bebés nacidos mediante esta práctica.

(10) La existencia o no de vínculos familiares o afectivos entre la gestante y el o los comitentes. Aunque lo más común es que la gestante sea una mujer con la que los comitentes no tienen relación previa alguna, no es insólito que la gestante pueda ser algún familiar o amiga de uno de los comitentes. En estos casos, se plantean unos problemas específicos, a los que hacemos referencia en el último capítulo.

Como se ve, la casuística que se plantea en la maternidad subrogada es de lo más variado: desde un matrimonio con dificultades para gestar y que aporta los dos gametos que se fecundarán para dar lugar al embrión, y que recurren a una mujer que, de forma libre y desinteresada, gesta el bebé para ellos; hasta un varón solo que recurre a gametos de donantes para la fecundación del embrión, y a su propia madre biológica para que le geste al bebé. Pero más allá de la problemática ética que suscite cada caso, nos parece que, para tomar posición sobre la maternidad subrogada en cualquiera de sus modalidades, es imprescindible partir de la respuesta a una pregunta crucial para todo ser humano: ¿qué significa nacer? Es de lo que nos ocupamos en el siguiente capítulo.

5. La Iglesia católica ante la maternidad subrogada

No es exagerado decir que la Iglesia católica es la única institución religiosa en el mundo que mantiene una posición ética sobre cada uno de los avances biotecnológicos que se han producido desde mediados del siglo pasado. Principalmente están recogidas en el Catecismo de la Iglesia Católica y el Compendio de la Doctrina Social de la Iglesia. Muchas veces, la argumentación en la que se apoyan esas valoraciones la encontramos en las encíclicas de los últimos papas (desde Pío XII hasta Francisco) o en algunos de los documentos aprobados por el Dicasterio para la Doctrina de la Fe sobre estos asuntos.

Las razones que principalmente se invocan para justificar esas tomas de posición son de índole filosófica y, en menor medida, teológica. Es lógico que sea así porque, para la Iglesia católica, la moral cristiana no prescinde de la moral natural, aquella a la que llegamos mediante el ejercicio de la recta razón, sino que la asume en su integridad. Y desde ella se pueden hacer juicios certeros sobre la moralidad de cada nueva biotecnología. Es cierto que la revelación divina, a la que accedemos por la fe, ofrece luces para una comprensión mucho más honda de esos juicios morales. Pero no es imprescindible para alcanzar un juicio moral suficientemente sólido sobre estas materias. En concreto, y como veremos de inmediato, los argumentos que ha ofrecido la Iglesia para rechazar la maternidad subrogada pueden ser compartidos por cualquier persona que no tenga fe porque no se sustentan tanto en verdades reveladas por Dios como en principios éticos que pueden ser conocidos y compartidos por cualquiera.

Precisamente por ello, y también porque la Iglesia católica es una autoridad moral reconocida no solo por los católicos, sino también por muchos no creyentes en todo el mundo, parece conveniente que recojamos en este libro la posición de la Iglesia católica sobre la maternidad subrogada. Como decimos, la posición es de rechazo, pero no de rechazo cerril, sino basado en razones que cualquiera puede compartir.

El documento más reciente de la Santa Sede que recoge una referencia extensa a la maternidad subrogada es la Declaración del Dicasterio para la Doctrina de la Fe «*Dignitas infinita* sobre la dignidad humana», de 2024. El texto comienza con una contundente cita del papa Francisco en la que condena esta práctica. Los argumentos apuntados para sostener que la dignidad del niño y de la gestante son violadas en la maternidad subrogada son básicamente dos: el niño tiene derecho a nacer de su madre y la gestante no puede ser un medio para satisfacer el deseo de otros. Vale la pena recoger expresamente los párrafos de la Declaración en los que se hacen estas consideraciones:

48. La Iglesia, también, se posiciona en contra de la práctica de la maternidad subrogada, mediante la cual el niño, inmensamente digno, se convierte en un mero objeto. A este respecto, las palabras del papa Francisco son de una claridad única: «El camino hacia la paz exige el respeto de la vida, de toda vida humana, empezando por la del niño no nacido en el seno materno, que no puede ser suprimida ni convertirse en un producto comercial. En este sentido, considero deplorable la práctica de la llamada maternidad subrogada, que

ofende gravemente la dignidad de la mujer y del niño; y se basa en la explotación de la situación de necesidad material de la madre. Un hijo es siempre un don y nunca el objeto de un contrato. Por ello, hago un llamamiento para que la Comunidad internacional se comprometa a prohibir universalmente esta práctica» (Francisco, «Discurso a los miembros del Cuerpo Diplomático acreditado ante la Santa Sede para la presentación de las felicitaciones por el Año Nuevo», 8 enero 2024).

49. La práctica de la maternidad subrogada viola, ante todo, la dignidad del niño. En efecto, todo niño, desde el momento de su concepción, de su nacimiento, y luego al crecer como joven, convirtiéndose en adulto, posee una dignidad intangible que se expresa claramente, aunque de manera singular y diferenciada, en cada etapa de su vida. Por tanto, el niño tiene derecho, en virtud de su dignidad inalienable, a tener un origen plenamente humano y no inducido artificialmente, y a recibir el don de una vida que manifieste, al mismo tiempo, la dignidad de quien la da y de quien la recibe. El reconocimiento de la dignidad de la persona humana implica también el reconocimiento de la dignidad de la unión conyugal y de la procreación humana en todas sus dimensiones. En este sentido, el

deseo legítimo de tener un hijo no puede convertirse en un «derecho al hijo» que no respete la dignidad del propio hijo como destinatario del don gratuito de la vida.

50. La práctica de la maternidad subrogada viola, al mismo tiempo, la dignidad de la propia mujer que o se ve obligada a ello o decide libremente someterse. Con esta práctica, la mujer se desvincula del hijo que crece en ella y se convierte en un mero medio al servicio del beneficio o del deseo arbitrario de otros. Esto se contrapone, totalmente, con la dignidad fundamental de todo ser humano y su derecho a ser reconocido siempre por sí mismo y nunca como instrumento para otra cosa.

No era la primera vez que la Iglesia católica se pronunciaba sobre el tema. En 1987, la Congregación para la Doctrina de la Fe publicó la Instrucción *Donum vitae* sobre el respeto de la vida humana naciente y la dignidad de la procreación en la que respondía a la pregunta «¿Es moralmente lícita la maternidad "sustitutiva"?» en los siguientes términos:

No, por las mismas razones que llevan a rechazar la fecundación artificial heteróloga: es contraria, en efecto, a la unidad del matrimonio y a la dignidad de la procreación de la persona humana.

La maternidad sustitutiva representa una falta objetiva contra las obligaciones del amor materno, de la fidelidad conyugal y de la maternidad responsable; ofende la dignidad y el derecho del hijo a ser concebido, gestado, traído al mundo y educado por los propios padres; instaura, en detrimento de la familia, una división entre los elementos físicos, psíquicos y morales que la constituyen.

Como se ve, el rechazo a esta práctica se sostiene sobre la contravención de los principios básicos de la moral conyugal, que exige que los mismos padres sean los que conciban, gesten y eduquen a los hijos, y que no se fragmenten los elementos físicos, psíquicos y morales constitutivos de la familia.

Capítulo II
¿QUÉ SIGNIFICA NACER?

1. ¿Por qué la única forma de hablar de maternidad subrogada es no hablar de ella?

La cuestión de la maternidad subrogada es difícil, y cualquier persona que se aproxima a ella se encuentra con un cruce de argumentos de cierta envergadura. Mejor o peor elegidos, más o menos convincentes, más o menos falaces, no se puede negar que hay mucho que decir al respecto y, de hecho, se están continuamente aduciendo razones en un sentido y otro.

Sin embargo, en medio de esa discusión, parece que se olvidan algunas cuestiones que son fundamentales en el debate, y que quizá se esquivan precisamente para que el debate se reduzca o bien a un debate técnico (según el desarrollo de alguna rama de conocimiento o combinación de ellas, p. ej., la ciencia jurídica y/o la psicología), o bien directamente ideológico. De entre dichas cuestiones que tienden a olvidarse, dos parecen completamente fundamentales: primera, que el argumento de la explotación de la mujer no es suficiente para rechazar la gestación por sustitución en todos los casos; y segunda, que para saber si se puede permitir o no la gestación por sustitución, lo fundamental que debemos preguntarnos es en qué consiste ser padre o madre.

1) Hablar de maternidad subrogada no es, como pudiera parecer, ni hablar de feminismo, ni hablar de lucha de clases. Una combinación de estos dos argumentos («es una forma de explotación a la mujer, y especialmente a la mujer pobre») parece ser uno de los fundamentos más fuertes para el rechazo de esta práctica. Así, por ejemplo, en España la reforma de la ley del aborto de 2023 (LO 1/2023) incluye algunas prohibiciones relacionadas con la gestación por sustitución al amparo de este argumento. En el art. 10 ordena que se impulsen «campañas que desmitifiquen todas las formas de violencia en el ámbito reproductivo contenidas en la presente ley, como la gestación por sustitución». Y el art. 32.2. ordena que se promueva «la información, a través de campañas institucionales, de la ilegalidad de estas conductas, así como la nulidad de pleno derecho del contrato por el que se convenga la gestación, con o sin precio, a cargo de una mujer que renuncia a la filiación materna a favor

del contratante o de un tercero». Y el art. 33 prohíbe la promoción comercial de la gestación por sustitución.

Estas disposiciones se sustentan, como expresamente señala la ley en su Exposición de Motivos, en el argumento de la explotación a la mujer: «Debemos reafirmar el compromiso de respuesta frente a vulneraciones graves de los derechos reproductivos que constituyen manifestaciones de la violencia contra las mujeres, como la gestación por subrogación. Estas prácticas, si bien ya resultan ilegales en España, donde la Ley 14/2006, de 26 de mayo, sobre técnicas de reproducción humana asistida, considera nulo el contrato por el que se convenga la gestación y expresa que la filiación será determinada por el parto, se siguen produciendo, amparándose en una regulación internacional diversa, ante lo cual se ha de reconocer normativamente esta práctica como una forma grave de violencia reproductiva, y tomar medidas en el ámbito de la prevención y de la persecución».

Actualmente, en el Parlamento español la mayoría de los grupos sostiene su rechazo a la gestación por sustitución en este argumento de la explotación a la mujer. Y aunque se trata de una buena señal, habrá que ver lo que ocurre en el futuro, próximo o no. Cada vez son más los países que la van regulando (el último, hasta el momento, en Europa, Irlanda en mayo de 2024) y la presión social para que se autorice esta práctica sigue en aumento. Como, además, el argumento de la explotación tiene sus debilidades, y la volubilidad en las convicciones es característica de nuestro tiempo, no se puede descartar un cambio legislativo sobre esta materia en España en el futuro.

Es cierto que los mentados argumentos, el de lucha de clases y el feminista, parecen ser fuertes, tanto por separado como en combinación, si contemplamos la realidad social de esta práctica, en la que personas más bien pudientes contratan un servicio sumamente gravoso a personas más bien necesitadas. Pero también debemos aceptar que este argumento no es ni mucho menos concluyente en su mera base teórica. Para esquivar la cuestión de la explotación, puede pensarse que bastaría con ser muy exigente en las garantías de la ley que regule esa práctica: bien garantizando el carácter altruista de la gestación por sustitución, bien asegurándose que sea debidamente recompensada (interviniendo el Estado en la retribución y, por tanto, no dejando que fije el precio el mercado), además de asegurándose de que efectivamente la mujer gestante realizara la gestación por sustitución por su propia voluntad.

Si la gestación subrogada debiera ser una opción, debidamente legalizada y puesta bajo ciertas condiciones para evitar los riesgos de explotación, o, por el contrario, no debiera serlo en absoluto, es algo que no debería apoyarse principalmente en argumentos circunstanciales. Y el argumento económico y feminista es circunstancial porque, al menos sobre el papel, una adecuada ley podría impedir que nadie excepto una mujer que efectivamente quisiera realizar esa práctica pudiera proceder a ella.

2) Si tenemos en cuenta lo anterior, entonces, discutir la maternidad subrogada nos lleva a preguntarnos por nuestras cosmovisiones, nuestra forma de entender, no esa práctica concreta, sino el mundo, las relaciones humanas y, dentro de ellas, una especialísima como es la paternidad/maternidad. La discusión sobre esta práctica se vuelve así un choque de gigantes, donde lo que importa es todo, menos la práctica concreta: aquí es donde cabe concluir que no podremos hablar de maternidad subrogada a menos que dejemos de hablar de ella, y nos dediquemos a hablar de la madre (y el padre), el hijo, el mundo, la relación y el acontecimiento de nacer. Como siempre que se va un poco a profundidad, toda reflexión acaba descubriéndonos una ética, y ella, como fundamento del que se nutre, una metafísica.

Hablar de maternidad subrogada es hablar de nacer, de venir a la existencia: es decir, hablar del ser humano, del mundo y de su lugar en él. Pero también es preguntarse si esta práctica debe regirse por el modelo liberal, según el cual, cada uno puede organizar su vida de acuerdo con sus propios conceptos éticos, antropológicos y metafísicos o si, en este caso, eso no tiene cabida porque la maternidad subrogada afecta profundamente a un tercero, que es el hijo. Aquí pretendemos dar algunos argumentos que nos llevan a concluir que la opción correcta es la segunda. En todo caso, nos parece imprescindible entrar en esa profundidad para evitar caer en el error que criticábamos más arriba: el de dar argumentos que rechazan la gestación por sustitución que únicamente son válidos exclusivamente para quienes ya están convencidos porque, para quienes no lo están, son razones fácilmente refutables, basadas en elementos circunstanciales.

2. Qué significa «nacer»: Onán, Konrad, Telémaco, Raquel… entre otros

Antes de iniciar la reflexión acerca de lo que significa nacer y ser hijo, conviene recordar una cosa: el mundo de la filosofía es, muchas veces, el mundo de las aparentes perogrulladas. La profundidad respecto al ser humano y su lugar en el mundo suele aparecer ante nosotros en lenguaje sencillo y, las más de las veces, inesperado: aparece formulada en forma de historias, de mitos y leyendas, de refranes, dichos y proverbios. Cuando se trata de abordar con éxito las cuestiones antropológicas más íntimas, muchas veces tendremos que aceptar que no sea un escrito ensayístico el que nos aporte la luz, sino un cuento o una rima burlona. Intentar esquivar esto supondría un acto de imperdonable elitismo: si respecto a las cuestiones más técnicas es importante dejar hablar a los expertos, respecto a la intimidad del ser humano es la humanidad misma la que merece la voz. Y esta voz no se expresa en ensayos firmados, sino en piezas de sabiduría que, las más de las veces, no tienen autor y son formuladas de las formas más atractivas para que puedan ser transmitidas a las generaciones siguientes y a otros individuos de la propia generación.

En la misma línea, es importante advertir que, si bien es fácil sucumbir a la tentación de dejar de lado la respuesta a una argumentación basada en este tipo de recursos, esto a nuestro entender no sería correcto. En primer lugar, por la cuestión del elitismo: solo aceptar argumentos de ciertos orígenes puede suponer perdernos una reflexión importante. Y, en segundo, tampoco cabe despreciar estas argumentaciones porque dibujen determinada antropología, como si fueran meras opiniones. Una antropología propuesta tiene unas bases filosóficas que evidentemente son refutables, pero que habrá que tomarse el tiempo de considerar y contraargumentar, en su caso, resistiendo la tentación de desecharlas de un manotazo.

Por ello precisamente, vamos ahora a reflexionar sobre historias, es decir, utilizando el método que desde siempre se consideró el más adecuado para tocar el tuétano mismo de lo que el ser humano es. En este caso, acudiremos a varias historias que nos orientan a la hora de responder a la pregunta: ¿qué quiere decir ser padre y madre, y ser hijo? O, en otra formulación: ¿cómo debemos entender el nacimiento, la venida al mundo?

Las varias historias que vamos a analizar nos permitirán apuntar varias paradojas que, a nuestro entender, han de permanecer siempre a la vista cuando pensamos en la gestación por sustitución.

2.1. Onán, o el falso dilema de la maternidad biológica y la cultural

A. La historia de Onán

Para el primer relato, nos vamos a una sencilla historia que se recoge en el Antiguo Testamento de la Biblia, en concreto, en unos pocos versículos del capítulo 38 del libro del Génesis. La historia es corta, y sucede como sigue: Onán era el segundo hijo de Judá, y hubo de casarse con la mujer de su hermano mayor, Er, después de que este muriera (literalmente, el texto dice que Dios le hizo morir porque le desagradó). Sin embargo, Onán sabía que, según la ley y costumbre judía, aunque él fuera el padre biológico de los hijos que engendrara con Tamar, estos jamás se considerarían suyos, sino de su hermano mayor, Er. Y, pretendiendo evitar engendrar esos hijos que no le serían reconocidos como propios, «derramaba en tierra» (sic) cada vez que mantenía relaciones sexuales con Tamar, para evitar dejarla embarazada. Esto desagradó a Dios, que le hizo morir.

Este texto ha sido objeto de mucha reflexión dentro de la tradición cristiana y judía acerca de cuál pudiera haber sido la falta de Onán, y ha dado pie a todo tipo de interpretaciones. Nuestra pretensión aquí no es desmentirlas, sino utilizar el relato como una interesantísima fuente que revela un momento temprano en la distinción entre la paternidad biológica y la que podríamos llamar social o cultural (o, como ahora se dice, de deseo), y cómo esto causa problemas. En el caso concreto que acabamos de narrar, Onán se rebela contra la idea de ser un padre biológico que, sin embargo, no tendrá la paternidad sociocultural. En la maternidad subrogada, esta distinción es semejante, pues también se distingue entre una maternidad biológica y una sociocultural/de deseo y legal. Esto nos lleva, pues, a reflexionar sobre estas dos facetas de la paternidad, y a preguntarnos cómo cabe entenderlas.

La paternidad/maternidad tiene, efectivamente, una primera dimensión profundamente biológica. Siguiendo en esto a Pedro Talavera[1], cabe señalar que la determinación de la maternidad es inseparable de la condición de gestante. La condición biológica es, efectivamente, la que determina la maternidad, sin que pueda ser soslayada. En Derecho romano se decía: *Mater semper certa est* (La madre es siempre conocida). Con ello, no solo se pretendía afirmar lo obvio: que la que gestaba y alumbraba era siempre conocida, a diferencia del varón, que podía serlo o no. Esta máxima atribuía la condición de madre a toda gestante y solo a ella. La adopción sería una excepción que, pudiera decirse, «corrige una falta» con el objeto de evitar un perjuicio grave para el hijo. Siendo más precisos, lo que

[1] Talavera Fernández, P., «Maternidad subrogada: ficción jurídica contra verdad biológica», *Revista de derecho y genoma humano: genética, biotecnología y medicina avanzada*, n. 46, 2017, pp. 197-231.

corrige es una circunstancia sobrevenida y dramática en la cual los progenitores han fallecido o no pueden, por determinadas circunstancias, cumplir con su deber paterno/materno. Con carácter general, no es el factor decisional, sino el biológico, el dado, el no decidido, el que atribuye la identidad de madre a la gestante.

B. Dar el nombre, o la cuestión sociocultural de la paternidad: «Tú eres Lisa Simpson»

El peso de la cuestión biológica (el legado del «material biológico» de los gametos, y el gestar, como una unidad) es, efectivamente, importantísimo. Sin embargo, no lo es todo: en la paternidad/maternidad, el hijo, además de ser engendrado, es reconocido por sus padres. Ese verbo, reconocer, implica el caer en la cuenta de algo que ya estaba ahí, y no algo que es creado en el momento. Tanto si pensamos en «reconocer a una persona» como cuando usamos acepciones como «reconocer un error» o «reconocer a tal persona como un igual», el lenguaje nos indica que estamos «viendo» lo que ya había, y que no lográbamos (o no queríamos) ver antes. En la misma línea, afirmar que los estados «reconocen» los Derechos Humanos a sus ciudadanos, y no se los «otorgan» ni los «crean» es algo más que un juego semántico. Es típico de la manipulación del político pretender que, en su mandato, ha «dado» derechos, y la respuesta a dicha manipulación es precisamente señalarle que, como mucho, ha reconocido lo que, en el plano de la dignidad personal, ya existía.

Que los padres reconozcan a su hijo implica que asumen mediante un gesto o símbolo los elementos culturales y sociales que implica la paternidad/maternidad. Pero no crean nada al hacer eso, simplemente aceptan lo que ya existía. El padre/madre no accede a esa condición porque quiere, así dicho, sino porque reconoce un tipo concreto de relación con el hijo, una vinculación que ya estaba, y que sencillamente es aceptada. Este establecimiento del vínculo sí es social y cultural, y gracias a serlo permite, por ejemplo, que se den las adopciones.

El símbolo por excelencia de dicha aceptación socio-cultural por parte de los padres es la imposición del nombre propio, y el legado del apellido. Por un lado, para cualquiera de nosotros, el nombre se vuelve resumen de la identidad de uno mismo. «Yo soy Lukas», «yo soy Vicente», es una manera de resumir la unicidad de la persona. Esto permite que en los relatos bíblicos, por ejemplo, el cambio del nombre sea la revelación de una nueva identidad, relacionada con una misión que cambia por entero la vida de la persona: de Abrán a Abraham, de Jacob a Israel, de Simón a Pedro. En un escenario algo más prosaico, esta característica del nombre puede verse en el adolescente, quien, en búsqueda de una identidad menos dependiente del entorno familiar, suele afirmar su autonomía con un mote, es decir, un nuevo nombre no recibido de los padres, que él pretende que se vuelva nuevo resumen de quién es. Habitualmente, alcanzada la madurez, dicho mote queda atrás, y se recupera el nombre heredado, es decir, la persona se reconcilia con sus raíces.

La paradoja se da, precisamente, en que el nombre, resumen de identidad propia, es sin embargo un don, un regalo que viene de fuera. El resumen de quién somos es una palabra que nos ha sido dada. Es decir, aceptando ese símbolo, puede interpretarse que son los padres los que, al reconocer al hijo, le entregan las herramientas para que sepa quién es y forje su identidad. El nombre es un mero símbolo, pero no es nada malo como símbolo: pretende ser anticipo de lo que ocurre en la relación del hijo con el padre y madre en el contexto familiar. ¿Y qué ocurre? El crecimiento y descubrimiento de la propia identidad, que no nace de la nada, sino que se desarrolla condicionada por el contexto que procuran los padres, en el seno de la familia. Como dice Higinio Marín, «ser libre también es agradecer»[2], y el contexto de esa frase es una reflexión sobre cómo el reconocimiento del origen, del legado que heredamos, forja una identidad. Esta identidad se forjaría frente a dos extremos: por un lado, la absoluta autonomía, que no reconoce raíces algunas, según la cual podemos hacer completamente lo que queramos con nuestra vida y cuerpo; por otro lado, el destino, que determina y pre-escribe toda nuestra vida, negando que nuestras elecciones puedan influir para nada. Frente a la libertad absoluta, y frente a la falta de libertad absoluta, las personas somos libres en una tradición, somos libres habiendo recibido cosas. Somos, en definitiva, desde nuestros padres, y desde ahí partimos para llegar a ser lo que decidamos ser.

En *Los Simpson*, la popular serie de dibujos animados, se da una breve historia en la que reluce esta característica simbólica del nombre, esa paradoja de ser algo dado pero que se vuelve resumen de quién se es. En el episodio 19 de su temporada 2, la serie nos muestra a Lisa Simpson pasando por una crisis de identidad, porque no identifica sus intereses e inquietudes ni con su padre ni con su madre. Un profesor sustituto, el Prof. Bergstrom, se vuelve su modelo. Al final

---

[2] Marín, H., *Teoría de la cordura*, Pre-Textos, Valencia, p. 72.

del capítulo, se da la despedida entre Bergstrom y Lisa, en el clásico entorno (y cinematográficamente muy explotado) de una estación de tren, con el profesor a punto de subirse. En un momento de la breve conversación, el profesor escribe algo en una hoja de papel, la dobla, y se la entrega a la niña, mientras le dice: «Si te sientes sola, y no encuentras a nadie en quien confiar, con esto bastará». Lisa abre el papel y lee: «Tú eres Lisa Simpson». El último consejo del profesor puede leerse como que confíe en su identidad, en toda la fuerza que tiene dentro. Pero eso lo resume con un nombre que le dieron sus padres, y un apellido que la señala inevitablemente como parte de esa familia. El capítulo, de hecho, termina con Lisa reconciliándose con sus padres, aceptando la estupidez de su padre Homer y la poca independencia que parece mostrar su madre Marge. Estos dos elementos no son queridos por Lisa, y habían propiciado su crisis. Sin embargo, el consejo de Bergstrom, el recuerdo de su nombre y su apellido, le llevan a realizar esa conciliación.

A la imposición del nombre, si nos fijamos, se une el legado del apellido, apareciendo un agradable equilibrio entre la individualización y la acogida en una comunidad. El legado del apellido presenta variaciones según las diferentes tradiciones (modelos de sociedad de apellido único, habitualmente el del padre, y modelos como el hispano, que lega el del padre y la madre, habitualmente, en ese orden). Sin embargo, en todas ellas, y pese a las críticas que se les pudieran formular, aparece ese elemento: que, junto con el nombre, que individualiza, los padres regalan al niño el apellido, que le hace pertenecer a un grupo. Se le dice al niño, con el nombre, que es un «yo», pero se le comunica también, mediante el apellido, que es un «yo» insertado en un «nosotros». De esa manera, la imposición del nombre es el reconocimiento de la persona en su individualidad, pero «formando parte de» un grupo determinado, marcado por el apellido. La dinámica sociocultural queda así balanceada: el padre y la madre reconocen con el nombre la unicidad de ese niño concreto, que tiene un nombre distinto al resto, que es alguien único, irrepetible. Pero también constituyen al niño como parte de una comunidad (la familia), y, por tanto, en ese mismo símbolo reconocen su vinculación y sus obligaciones con el recién nacido, por ser parte del «nosotros» que ellos encabezan.

Por esa imposición del nombre, el padre y la madre aceptan el acontecimiento que ya ha ocurrido, aceptan y afirman la relación con aquel que encarna la paradoja de haber nacido de ellos y necesitarles para todo (supervivencia, educación, identidad), pero que es preeminente a ellos, ya que exige ser puesto en primer lugar y priorizado.

Engendrar y poner el nombre es también, volviendo a los relatos bíblicos, lo que hace que tanto María como José sean los padres de Jesús de Nazaret: a la mujer se la hace madre al anunciarle que quedará encinta; al varón, José, se le vuelve padre al encargarle que ponga el nombre al hijo de María (aunque no es misión exclusiva de José: también a María se le había anunciado el nombre que había de ponérsele al niño).

El equilibrio paradójico de la paternidad/maternidad, que rompe el desequilibrio de Onán, se da en esa doble misión: ser padre es, a la vez y al mismo tiempo, una cuestión que no se elige pero que se elige al menos aceptar. Es una cuestión biológica no elegida, pero aceptada a través de una serie de gestos de carácter cultural, artificial. La imposición del nombre es uno de estos gestos, fundamental en, al menos, nuestra cultura.

Cuando enfocamos la cuestión de la paternidad biológica y sociocultural de esta manera aditiva en vez de disyuntiva, se proyecta una primera sombra de duda sobre la maternidad subrogada, que no proviene tanto de un conjunto de creencias determinadas como del descubrimiento de una gran paradoja: ser padres es a la vez un asunto biológico y cultural, pero el peso de lo primero es tan potente que, incluso cuando hemos de recurrir a entregar la custodia a alguien distinto a los progenitores biológicos, permanece el derecho del hijo a conocer a sus padres según la biología. Padres son quienes aportan el material biológico y gestan al niño, y además le imponen el nombre y apellido, en una dinámica que forma una unidad. Aunque instituciones como la adopción puedan dar la apariencia de que esas dinámicas son divisibles, hay que recordar que la adopción tiene el carácter excepcional que ya hemos comentado.

Dicha institución, la adopción, convierte a los padres en los auténticos «padres subrogados»: aquellos que, sin obligación nacida del acto natural fuerte que constituye la maternidad/paternidad (el engendrar), aceptan sustituir a los padres biológicos por su ausencia o radical incapacidad, para paliar así una necesidad acuciante del hijo, sacándole de una situación de terrible vulnerabilidad. Se constituye así una ficción jurídica y sociocultural que trata de responder a la necesidad del hijo y que, por tanto, se realiza por derecho del niño y no de los padres. Esta práctica, nacida de la excepción, no puede ser esgrimida como excusa para descomponer los elementos constitutivos de la paternidad y maternidad cuando estamos ante otro tipo de caso que no está marcado por dicha necesidad. Sería como pretender que, puesto que dejamos a un bombero derribar nuestra puerta a golpes para entrar a rescatarnos en caso de incendio, tendríamos que considerar aceptable que eso mismo lo hicieran unos invitados a tomar el té.

2.2. La paradoja del hijo «engendrado y no producido»: Konrad y algunos cuentos de criadas

La historia de Onán nos ha servido para reflexionar sobre las tensiones entre la parte biológica y la cultural de la paternidad, para acabar señalando la paradoja de que ambas comparecen con toda su fuerza. Ahora nos corresponde abordar una segunda arista de la cuestión antropológica en torno a la maternidad subrogada, que se suele señalar en las argumentaciones de la gente de a pie, y que puede quedar expresada así: la maternidad subrogada convierte el proceso de paternidad/maternidad en un proceso productivo («es fabricar bebés») o quizá comercial («es comprar bebés»), o, lo más habitual, en una combinación de producción y comercio.

Al contrario de lo que decíamos antes sobre los argumentos de cierto sector feminista y del enfoque de lucha de clases, que considerábamos circunstanciales y, por tanto, poco potentes, el argumento que rechaza la idea de fabricar o comprar bebés es profundísimo, y merece ser rescatado y analizado. Tiene el problema de que suele ser absorbido por el argumentario feminista y marxista («la producción de bebés en el cuerpo de la mujer es una forma de dominio del heteropatriarcado capitalista»), lo cual lo aleja de su centro de fuerza. No porque no pueda haber trazas de machismo o de un sistema económico injusto detrás de dicho argumento, sino porque no es eso lo que lo hace injusto. Así tratamos de explicarlo a continuación, pero antes hay que añadir aún otra cosa: al vincular el argumento del productivismo con los enfoques feministas y de clase, se añade el inconveniente de que todos esos argumentos «compartirán credibilidad». Es decir: para quienes consideren aceptables los enfoques del marxismo o los análisis feministas, se dará una transferencia de credibilidad hacia las críticas a la maternidad subrogada; sin embargo, para quienes consideren el enfoque feminista de género y el de lucha de clases como faltos de credibilidad o, por lo menos, susceptibles de fuerte crítica, también transferirán esa ausencia de credibilidad al argumento de la «fabricación y comercialización de niños».

A. La historia de Konrad

Para entender este argumento de la «producción de niños», ilustrémoslo primero. El libro elegido para hacerlo es un divertido relato infantil: *Konrad, o el niño que salió de una lata de conservas*, de Christine Nöstlinger[3]. Se nos narra ahí cómo la señora Berti Bartolotti, una artista que se gana la vida tejiendo alfombras, recibe un día una misteriosa lata de conservas gigante. Ella no recuerda haberla pedido, pero se da el caso de que es una adicta a la compra por correo, con lo cual asume que debe de ser uno de tantos pedidos que ha realizado, demasiados para acordarse de todos. En dicha lata hay un niño, Konrad, que proviene de una empresa que fabrica y diseña niños al gusto de los padres. Konrad es el niño perfecto: educado, trabajador, obediente, y que nunca causa molestias. Ha sido entrenado para responder perfectamente al estereotipo de lo que todo padre querría que fuera su hijo. Pero se da el problema de que la Sra. Bartolotti no soporta ese tipo de caracteres. Ella es caótica, creativa, desorganizada. De ese choque de personalidades surgen muchas de las situaciones cómicas que van vertebrando el relato.

Lo que aquí nos importa es el acto conclusivo de la historia. El enigma de la aparición de Konrad se resuelve cuando la empresa se pone en contacto con la Sra. Bartolotti para indicarle que el envío sucedió por error (ellos tenían sus datos

---

[3] Nöstlinger, C., *Konrad, o el niño que salió de una lata de conservas*, Santillana, Madrid 2016.

debido a una compra anterior, de otro producto totalmente distinto), y que hay un matrimonio esperando el «hijo por encargo» que la empresa fabricó y envió equivocadamente a la dirección de la protagonista. Tras una serie de amenazas, la empresa decide ir a buscar a Konrad a casa de la Sra. Bartolotti, en compañía de la pareja que efectivamente había realizado el encargo. Pero lo que se encuentra dicha pareja no tiene nada que ver con lo que había encargado, ya que la Sra. Bartolotti, junto con algunos personajes secundarios más que se nos han ido presentando a lo largo de la historia, se ha encargado de «entrenar» a Konrad para que se muestre como un niño desobediente, revoltoso y maleducado. Los «padres» de Konrad (el matrimonio que lo encargó) se indignan con la empresa, ya que ese niño no se corresponde con lo que ellos habían encargado, y rechazan quedarse con él. Así se cierra la historia, con el matrimonio marchándose indignado y amenazando a la empresa con demandarles por estafa, y con Konrad dejado atrás, libre al fin de poder vivir con su madre.

Una primera advertencia que habría que hacer: este es el argumento de una historia para niños escrita en clave humorística. Es decir, es hiperbólica, exagerada. No pretende mostrar de forma realista lo que pasaría si estuviera en marcha un sistema por el que se pudiera acceder a la maternidad subrogada. Probablemente, la mayoría de los padres, que sencillamente busca un hijo con toda su ilusión, no se comportaría como el matrimonio que encargó a Konrad en la historia. Pero eso no le quita su peso crítico. Las historias que nos presentan una hipérbole o exageración pretenden funcionar como caricatura, pero no olvidemos que las caricaturas resaltan los rasgos que la persona tiene. Una persona de nariz grande será caricaturizada con una nariz enorme, que no tiene en realidad, pero que permite al observador caer en la cuenta de que, efectivamente, la persona caricaturizada tiene la nariz más grande de lo normal. Para eso sirven las exageraciones, al menos: para volver más evidente la crítica que se está haciendo, y no tanto para pretender alcanzar una suerte de hiperrealismo.

Pensemos en la crítica que se realiza a la edición genética, y la famosa película *Gattaca* (Andrew Niccol, 1997), en la que solo los que han sido «diseñados» con determinadas características genéticas tienen opciones de participar en proyectos espaciales de gran exigencia. Parece claro que lo que plantea esa película no se va a dar a tal extremo. Cualquier persona equilibrada pensará que ese escenario tan duro, tan discriminatorio, no es fácil que llegue a producirse. Pero, a veces, se nos olvida la razón de que tengamos tan claro que ese escenario no se dará, y es precisamente porque la crítica ya está formulada. Porque *Gattaca* como película existe, es mucho más difícil que se desarrolle ese concreto escenario: estamos advertidos sobre esas consecuencias. Gattaca nos ha «inmunizado», ha funcionado como una vacuna mental.

Sin embargo, este tipo de relatos como Gattaca, o como la novela de Konrad, pretenden algo más que advertir sobre unas consecuencias concretas, y es hacernos reflexionar sobre ciertas cuestiones de fondo. Dichas cuestiones, en el caso de la historia de Konrad, son en torno a la importancia de no aplicar la lógica productiva al acto de engendrar hijos. Lo explicaremos en detalle, pero antes comentemos aún otra historia: la de *El cuento de la criada*.

B. Algunos «cuentos de la criada»

El cuento de la criada es una popular novela distópica escrita por Margaret Atwood[4], y que fue convertida en una exitosa serie difundida por la plataforma digital Max. En este caso, no nos importa tanto la historia concreta que se desarrolla en sus páginas, sino el mundo distópico que plantea.

---

[4] Atwood, M., *El cuento de la criada*, Salamandra, Madrid 2017.

En dicho mundo hay una dictadura religiosa extrema, que supuestamente no coincide con ninguna confesión concreta, pero que claramente está escrita deformando los rasgos de las religiones monoteístas nacidas en Oriente Próximo (islam, judaísmo y cristianismo). En dicha dictadura, las mujeres han quedado reducidas a roles tradicionales: esposa, madre y servicio doméstico. Se dividen en castas, y están estrictamente controladas respecto a lo que pueden y no pueden hacer. En concreto, se deja claro en la historia que no pueden tener propiedades, leer o tener oficios remunerados más allá de lo que se establece para ellas.

La historia se cuenta desde la perspectiva de una criada, que es como se le llama a una mujer fértil con el rol de tener hijos para una esposa, que es la mujer casada que luego será madre de esos hijos. En el mundo que plantea la novela, la fertilidad es un bien escaso debido a una epidemia de infertilidad que reduce enormemente el número de mujeres aptas para gestar. Toda la historia gira en torno al autoritarismo de la sociedad que nos plantean, así como su exacerbado tradicionalismo. Su fuerte tono crítico se centra más en la instrumentalización de las mujeres que en poner en duda el estatuto de hijos de los niños nacidos. De esta forma, aunque puede parecer una buena narración para ilustrar un argu-

mento contra la maternidad subrogada, podría
señalársele que centra su crítica en un aspecto
circunstancial, como lo es la explotación de la
mujer. Una propuesta de maternidad subrogada altruista, o regulada por un pago justo, en la
que solo accederían a realizar la gestación las
mujeres que voluntariamente lo decidieran, no
encontraría fácil reflejo en la novela de Atwood.

La historia, como decimos, está elocuente-
mente inspirada en las tradiciones de las llamadas «religiones del libro». De hecho, al inicio
de la novela se cita el Génesis, en concreto, un
pasaje que cuenta el caso de la infertilidad de
Raquel, esposa de Jacob, quien le dice a su marido que tome por esposa a su sierva Bilhá. Bilhá,
le indica Raquel a Jacob, parirá sus hijos sobre
sus rodillas (las de Raquel), y, de esa forma, los
hijos serán descendencia de ella. Es verdad que
dicho texto se encuentra en la Biblia, y no sería
el único: también podría hablarse del caso de
Sara, la mujer de Abrahán. En este otro relato,
Sara entrega a su esclava Agar a su esposo Abrahán, para que le dé el hijo que ella como esposa
no puede darle. Aunque aquí no se habla de ese
«parir en las rodillas», vuelve a ser un caso rela-
tivamente similar a la gestación por sustitución.

La cita que recoge *El cuento de la criada* es,
sin embargo, menos adecuada de lo que pueda
parecer, tanto para articular una crítica a la ges-

tación por sustitución, como para justificar las acciones de los personajes de la novela. Y esto es, quizá, porque no se profundiza en cómo se desarrolla el relato bíblico. Si miramos la historia de Raquel, y añadimos también la de Sara, y las consideramos como una suerte de «maternidades subrogadas», vemos que se da un problema serio, porque en ambos relatos la Biblia deja claro que esas «maternidades subrogadas» no surten efecto.

Empecemos con Sara: cuando Agar tiene a su hijo Ismael, Sara y ella se enfrentan, porque Agar empieza a despreciar a Sara por infértil. El enfrentamiento se resuelve cuando, pese a que Agar es también esposa de Abrahán (aún más: pese a que es la esposa fértil de Abrahán), acaba expulsada de la familia y vagando por el desierto. De hecho, el relato bíblico cuenta que es Dios quien se apiada de ella, y le promete una gran descendencia de su hijo Ismael.

Con respecto a la promesa que Dios había hecho a Abrahán (que tendría un hijo, y de él una enorme descendencia), acabará cumpliéndose, pero en su esposa Sara, quien efectivamente da a luz a Isaac. Es decir, en la historia queda clara que esa suerte de «subrogación» no es una forma aceptable de cumplir con la promesa divina de descendencia. Si Dios promete a una mujer ser madre, será madre ella, y no cualquier otra mujer mediante ningún tipo de truco o atajo.

La historia con Raquel tampoco permite entender que la gestación subrogada sea aceptable, ni siquiera en la retorcida versión que plantea la novela de Atwood. Es cierto que Jacob toma como esposa a Bilhá, sierva de Raquel, y es cierto que de ella tiene dos hijos, Dan y Neftalí. Esos dos hijos son reconocidos como verdaderos hijos de Jacob, y dos de las famosas doce tribus de Israel estarán conformadas por su descendencia. Pero no olvidemos que estamos en un contexto polígamo: el motivo de que Dan y Neftalí sean hijos de Jacob es porque son hijos de Bilhá, una de sus esposas. En ningún momento quedan reconocidos como hijos de Raquel, y, de hecho, cuando en el relato bíblico Raquel queda embarazada, se deja claro que con ello se le concede una maternidad que no tenía hasta ese momento. El versículo 22 del capítulo 30 del Génesis reza: «Dios se acordó de Raquel, escuchó sus plegarias y le permitió tener hijos». Raquel tendrá dos hijos, José y Benjamín. Jacob, por cierto, y siempre según ese relato bíblico que supuestamente justifica la gestación por sustitución, tendrá siempre por favorito a José, por ser el primogénito de su esposa preferida. Dan y Neftalí, pese a ser reconocidos hijos, no adquieren, por tanto, la condición de «hijos de Raquel» desde ninguna de las perspectivas: ni el narrador bíblico los considera así ni su padre Jacob (quien considera primogénito de Raquel a José), ni siquiera la propia Raquel, que reza a Dios para que le permita tener descendencia, y que solamente se considera escuchada cuando queda embarazada ella, gestando un hijo en su propio cuerpo.

La novela de Atwood hace una lectura simplista a la hora vincular la sociedad que plantea a cierto tipo de tradición religiosa (incluso aunque se escude en que se trataría de una interpretación muy fundamentalista de sus textos). Sin embargo, y pese a ello, nos sirve porque nos lanza la misma pregunta que en el relato de Konrad: la pregunta de si los niños se pueden producir. En el caso de la historia de *El cuento de la criada*, la producción se da esclavizando a cierto tipo de mujeres, las criadas, que se vuelven fábricas humanas que producen hijos para otras mujeres. Es diferente al caso de Konrad, en el que se insinúa una «producción de niños» sin explotación de mujeres, sino mediante tecnología. En ambos casos, sin embargo, se entra en la lógica productiva, y se nos plantea si un niño, que debiera ser engendrado, puede ser producido.

C. La «culpa» la tienen los modernos

Una vez examinadas las historias de Konrad y de *El cuento de la criada*, pasemos ahora a examinar la cuestión que se trasluce en ellas, que es la lógica productiva aplicada a los nacimientos. Ciertamente, cuando planteamos el problema de la maternidad subrogada, podríamos formular una pregunta en términos parecidos a estos: «Si unos padres que quieren tener descendencia pueden, mediante cierto método, procurársela, ¿por qué una concepción moral impuesta, diferente a la suya propia, ha de impedirles realizar un acto en el que todos los participantes participan libremente?». Una pregunta que es, evidentemente, legítima, pero que tiene el problema de olvidar algunos aspectos en el fundamento mismo de la cuestión.

Tratemos de examinar ese fundamento de la cuestión. Para ello, inevitablemente tenemos que dar un rodeo y explicar algunas cuestiones en torno a la epistemología moderna[5]. En la Modernidad, esa época que se abre aproximadamente en el siglo XV y que podríamos entender que dura hasta el siglo XIX, suceden una serie

---

[5] «Epistemología» quiere decir «teoría del conocimiento». Es decir, es el pensamiento acerca de cómo conocemos. ¿Cómo es posible que tengamos ideas, que podamos explorar el mundo e ir incorporando ese conocimiento que nos llega a través de lo que vemos, oímos o sentimos? ¿Cómo de fiables son las reflexiones basadas en un razonamiento lógico, o las basadas en nuestra observación de ciertas cosas que pasan a nuestro alrededor? Esas reflexiones, entre otras, son las que realiza la rama de la filosofía conocida como «epistemología».

de cambios en la manera de pensar la realidad, la forma de conocer el mundo y la relación que el ser humano tiene con su entorno. Esta forma de pensar habría tenido una continuidad en el mundo antiguo y en la Edad Media, y ahora tendrá profundas transformaciones. Este cambio en el modo de pensar podemos llamarlo, usando términos técnicos de la filosofía, un «desvío epistemológico».

¿Cuál es ese desvío, cuál es ese cambio que se produce en el pensamiento en la época moderna? Simplificando un tanto las cosas, se puede describir como el momento en que dos formas de pensar se convierten en el *mainstream* del conocimiento, o sea, que se ponen de moda. Expliquémoslas: la primera de ellas es una preferencia por el pensamiento exacto, despreciando el pensamiento analógico y paradójico. Al ir desarrollándose la época moderna, los análisis de datos y los cálculos matemáticos pasarán a ser lo que se considere más adecuado para conocer la verdad. Autores racionalistas como Descartes o Spinoza tratarán de explicar la realidad entera mediante un esquema lógico y matemático (la lógica, especialmente la lógica con cierto nivel de complejidad, es extremadamente parecida a los cálculos de la matemática). Por otro lado, autores empiristas como Berkeley o Hume empezarán a dar una preferencia absoluta a los datos medidos, intentando separarlos de las explicaciones subjetivas que tratan de ordenar esos datos (una cosa es el dato y otra, cómo lo explicamos: lo primero siempre es fiable, lo segundo, no).

La medición de datos y los avances en lógica y matemática son espectaculares en esta época. Y esto da lugar a grandísimos avances en un sinfín de campos del conocimiento, desde la medicina hasta la producción de todo tipo de bienes. Sin embargo, al hacer esto, en la Modernidad se olvida que ni la lógica ni la ciencia pueden analizar las cuestiones antropológicas y culturales. El ser humano no es sencillamente lo que, por ejemplo, la medicina dice que es, ya que la ciencia médica lo analiza solamente como un conjunto de órganos que puede enfermar. Y las personas somos eso, claro que sí... pero no solamente.

La aplicación y desarrollo de la lógica, la matemática y el método científico, hasta niveles nunca vistos, produce un deslumbramiento que hace olvidarse de que esos métodos no nos dicen toda la verdad. El ser humano no es sencillamente lo que la medicina, la sociología o la psicología diga de él. Estas ciencias pueden decir verdades, pero son verdades parciales. Solo la reflexión humanista, que trata de integrar todos los aspectos, puede intentar ofrecer una visión de conjunto.

La segunda forma de pensar que se impone en estos momentos es la idea de que hay que «conquistar» y «dominar» la Naturaleza. La Naturaleza se veía en la Antigüedad, y especialmente en la Edad Media, como un cosmos creado y ordenado por Dios. Ahora, la imagen cambiará radicalmente, y se pensará la Naturaleza a través de dos metáforas: primera, se piensa en ella como si fuera una megamáquina, que funciona de una manera que lograremos entender y dominar cada vez mejor, a medida que la ciencia avance y ampliemos nuestro conocimiento. La segunda imagen que se usa es la de un *stock* de recursos, un montón de materias primas que están esperando a que alarguemos la mano y las cojamos. Esos recursos estarán cada vez más a nuestra disposición, a medida que avance la tecnología que nos permita extraerlos[6].

Respecto a la primera idea que hemos dicho (la preferencia por el pensamiento lógico-matemático y científico), ya ella sola supone un montón de problemas. En concreto, conlleva una enorme superficialidad en el análisis de infi-

---

[6] Seguimos en esto a Jesús Ballesteros, quien analiza este giro epistemológico en: Ballesteros, J., *Sobre el sentido del Derecho*, Tecnos, Madrid 1984; Ballesteros, J., *Posmodernidad: decadencia o resistencia*, Tecnos, Madrid 1989; y Ballesteros, J., *Ecologismo personalista*, Tecnos, Madrid 1995.

nidad de cuestiones. Esa querencia por las ideas científicas y matemáticas hace menospreciar todas las reflexiones sobre ética, o sobre la justicia (cuestión tan vinculada al Derecho y a la política). La ética, la política y la reflexión sobre el Derecho son campos de pensamiento que quedan en posición extraña, porque no pueden ser correctamente recogidos por los métodos que se consideran los únicos válidos: la lógica, la matemática y el método científico.

Pero lo central para nosotros está en la segunda idea: en esa idea de pensar la Naturaleza como una máquina que debemos conocer y dominar, y un conjunto de recursos que tenemos que extraer. A partir de la Modernidad, entendemos la Naturaleza como algo que debemos someter, en vez de como algo que debemos reverenciar y respetar. Nada debe escapar de nuestro control, control que conseguiremos mediante la combinación de la investigación científica y la producción, que da lugar a la tecnología.

Al hilo de esto, Hartmut Rosa nos señala, en su libro *Lo indisponible*, una paradoja que vamos a tratar de explicar[7]. Nos dice este autor que el ser humano busca experiencias de resonancia. Estas podrían entenderse como expe-

---

[7] Rosa, H., *Lo indisponible*, Herder, Barcelona 2021.

riencias en las que entramos en un tipo de conexión con el entorno, y/o con nosotros mismos, profundamente significativas. Poner el mundo a disposición, mediante la tecnología, nos permite aumentar las posibilidades de esas experiencias de resonancia. Sin embargo, para que esa resonancia se dé, la realidad debe continuar estando en parte indisponible, en parte más allá del dominio humano. Si la experiencia que buscamos está completamente a nuestra disposición, a un gesto de distancia o una pulsación de botón, aunque esa experiencia que buscamos efectivamente ocurriera, ocurrirá sin resonancia, dejará de ser especial.

Quizá la mejor forma de explicar esto es el ejemplo que el propio H. Rosa pone en la introducción del libro acerca de la nieve. La primera experiencia en la nieve es profundamente resonante. Ver nieve por primera vez es inolvidable a muchos niveles. Para poder disfrutar de esa experiencia, los seres humanos vamos desarrollando una serie de tecnologías: desde la posibilidad de viajar a los lugares donde la hay, hasta la generación de nieve artificial. Estas tecnologías (en este caso, especialmente las que nos permiten viajar) hacen que tengamos más posibilidades de tener esa experiencia. Gracias al abaratamiento de los viajes, propiciado por la tecnología, gente que nunca ha visto nevar, o que nunca ha visto la playa y el océano, puede llegar a tener dichas experiencias. Y, repetimos, esas experiencias son fantásticas, o, en términos de H. Rosa, son profundamente resonantes.

Pero el drama es el que sigue: ver la nieve caer es una experiencia a la que uno puede aproximarse, pero que no puede provocar. O a lo mejor sí podría provocarla: podríamos imaginar una caída de nieve artificial en un entorno controlado. Pero si la persona provoca directamente la experiencia, esta se vacía de su contenido esencial. Se da, pero no resuena. Todo lo que podemos hacer es aumentar las probabilidades de que se dé, pero si no hay una cierta indisponibilidad de la experiencia de una nevada, si podemos provocar la caída de nieve con apretar un botón, entonces la experiencia no valdrá la pena. Difícilmente provocará resonancia en nosotros, es decir, no se vinculará de una manera especialísima, como una vivencia única, a nuestra narración vital. Esa es la paradoja que nos explica Rosa: aunque pareciera que la disponibilidad tecnológica aumentara las experiencias resonantes, se da el enorme riesgo de que, en vez de procurárnoslas, nos las impida.

En la Modernidad, esta metáfora de la Naturaleza como megamáquina controlable ha hecho que, con profundo entusiasmo, la humanidad se haya dedicado a tratar de conseguir dominar su entorno. Gracias a ello, se han superado tantos y tantos problemas, como todas las enfermedades que hoy en día se pueden curar y controlar. También ha permitido que todos podamos estar mucho más cerca de experiencias profundamente significativas. Todo ello, sin duda, es bueno. Pero no lo será cuando esa disponibilidad tecnológica acabe silenciando la resonancia de nuestras experiencias, y especialmente de las experiencias que necesitan ser resonantes, como enamorarse o tener un hijo.

D. El niño «engendrado, y no producido»

Si nos importa recuperar y tener a la vista la voluntad moderna de dominar la Naturaleza y la reflexión sobre las experiencias resonantes e indisponibles, es porque, si hay una experiencia que es por excelencia resonante, esa es el engendrar. Engendrar no es un acto productivo, sino un acontecimiento. Entendemos acontecimiento como algo que «nos pasa», pero no solamente: es la irrupción de algo en la propia vida que no podía preverse, bien porque es inesperado, bien porque es un efecto que supera con creces las causas que lo provocan. El engendrar es un acontecimiento porque el acto sexual, del cual aparece, es una causa mucho menor que aquello que provoca. De unos pocos minutos de intimidad sexual, aparece una total revolución: un ser humano distinto, capaz de poner en jaque y tras tocar todos los planes vitales de aquellos que lo engendraron.

Como experiencia de resonancia, el engendrar no puede ser controlado, ni directamente provocado, aunque sí es legítimo realizar una serie de actos que aumentan las posibilidades de que suceda. Es la experiencia de «estar preparado» y «esperar que pase», con toda la tensión, con toda la anticipación y la ilusión.

De esa forma, ahora podemos responder a la cuestión de si la maternidad subrogada es, o no, una forma de «fabricar bebés» y, en el caso de que esto se realice con dinero, una forma de «comercializarlos». La respuesta es que sí, y que eso no es peligroso sencillamente porque «pueda acabar» generando actitudes como la de los padres de Konrad, ni, desde luego, como la distópica sociedad de *El cuento de la criada*, en la que las mujeres son tratadas como incubadoras humanas. Lo que se vuelve peligroso es pasar de un proceso en el que se ponen ciertas condiciones para que ocurra algo, sin poderlo provocar, a un proceso en el que fabricamos ese algo. En la fabricación estamos bajo el control, pero, cuando se trata de experiencias resonantes, ese control no debería existir. Todo lo que se puede hacer es poner los elementos necesarios, pero no podemos provocarlo: simplemente esperamos que ocurra.

Ignorar esto es ignorar la raíz misma de la identidad humana: que somos engendrados, no producidos. Que cada uno de nosotros es un acontecimiento, no un resultado. La lógica de la fabricación no funciona aquí, porque al fabricar podemos esperar resultados. La lógica de lo jurídico tampoco interviene aquí, porque nadie tiene derecho a que le ocurra el acontecimiento: cada vez que nos pasa es un milagro que, como mucho, podremos agradecer a Dios o al destino, pero no reclamarlo si no se da.

2.3. Por qué el hijo es a la vez menor y mayor que sus padres: Edipo y Telémaco

Como tercer y último aspecto antropológico, queremos proponer al lector la comparativa entre dos relaciones paterno-filiales: la que se da entre Ulises y su hijo Telémaco, y la que se da entre el rey Edipo y su padre Layo. En la narración de las historias de estos padres e hijos se da un elemento coincidente pero que supone una diferencia crucial, y es el abandono que cada uno de los padres realiza de su hijo.

Tanto Telémaco como Edipo son niños abandonados, efectivamente. Pero lo son por causas completamente diferentes. En concreto, Ulises abandona a Telémaco por salvarle la vida, mientras que Layo abandona a Edipo por salvar su propia vida. Esa diferencia supone que la primera sea una relación constructiva, que termina bien, mientras que la segunda supone la destrucción de ambos personajes.

Respecto a Ulises, el abandono a su hijo se realiza en el contexto de su reclutamiento para la guerra de Troya. Ulises no quiere ir, entre otras cosas, porque acaba de nacer su hijo, y se finge loco ante los enviados que vienen a reclutarle. Así pues, se dedica a arar la arena de la playa y sembrar sal en los surcos. Sin embargo, en cierto momento, Palamedes, uno de los enviados, se huele el engaño de Ulises y, para comprobar su locura, arroja al bebé Telémaco a la arena, en la trayectoria de la cuchilla con que su padre está arando. Ulises, en vista de eso, esquiva a su hijo Telémaco, pues no está dispuesto a acabar con la vida de su hijo. En consecuencia, Ulises es reclutado para la guerra de Troya, y pasa 20 años alejado de su familia, por salvar la vida de su hijo. Cuando, ya al final de la Odisea, Telémaco y su padre se encuentran, el primero ha crecido y es un hombre maduro, que ayuda a su padre a efectuar su venganza y recuperar a su esposa y su posición como rey.

Comparemos esto con la historia de Edipo. Cuando Edipo nace, Layo recibe el augurio de que su hijo le matará y se casará con Yocasta, su esposa (y madre de Edipo). Layo abandona a su hijo para evitar que esto ocurra, pero Edipo sale adelante, crece y, finalmente, lleva a cabo la profecía sin ser en absoluto consciente de lo que ha hecho. Siendo ya adulto se encuentra con Layo en un camino, discuten, luchan y Edipo le da muerte ignorando que es su padre. Después, por cierto, vencerá a la Esfinge, razón por la que acaba desposándose con la reina de Tebas, Yocasta... su propia madre.

La diferencia entre las dos historias puede vincularse a los motivos del abandono de un padre y el otro: en el caso de Telémaco, el atendido, el importante, cuyo interés es puesto por delante, es el hijo. En el otro, es el propio interés del padre el que prevalece. Y esto nos da un tercer elemento, un tercer rasgo antropológico de lo que quiere decir la paternidad y la maternidad.

Este se puede resumir en esta paradoja: la paternidad significa que el origen del hijo es el padre. Es decir, el hijo es consecuencia de que los padres existen, y camina tras ellos en todo. El padre guía al hijo, lo «educa» (es decir, lo «guía desde fuera»). En todas estas formulaciones, correctas todas ellas, da la impresión de que, en la asimetría de la relación, el elemento fuerte es el padre.

Sin embargo, he ahí la paradoja: siendo cierto todo lo anterior, el hijo es preeminente a sus padres. La forma sana de ser padre, nos enseñan estos mitos, es colocar al hijo por delante de uno. Está «detrás» de uno, pero está a la vez «delante». Es él, sus intereses, su vida exactamente como la descubra y como quiera vivirla, lo que importa al padre. Pese a su origen subordinado, el deber del padre es sacarle de esa subordinación, hasta llevarle delante de sí mismo.

Una de las mejores imágenes de este proceso se da en otro relato, en este caso, cinematográfico: el de la película *Interstellar* (2014), del director Christopher Nolan. Es una ópera espacial que, realmente, cuenta una historia sencillísima y profundamente similar a la historia de Ulises y Telémaco: un hombre se ve obligado a abandonar a sus hijos para ir al espacio, en un intento de encontrar un planeta habitable que salve a la humanidad de una plaga que está acabando con las cosechas del planeta entero. Es decir, de nuevo, es un abandono del hijo en favor del hijo.

Pues bien, durante la película, el protagonista se las ingenia desde el espacio para mandar un mensaje a su hija pequeña, quien se ha convertido en adulta e investiga ciertos problemas matemáticos irresolubles, cuya respuesta es necesaria para el éxodo interplanetario de la humanidad. Así, el protagonista, pese a ser el héroe, renuncia a su papel protagónico a favor de su hija: es ella quien guía a la humanidad en su éxodo, es ella quien recibe el reconocimiento de la obra, que habría sido imposible sin su padre.

La última y emotiva escena de la película es un encuentro entre la hija y el padre. La película de ciencia-ficción gira en torno a la teoría de la relatividad y a cómo el tiempo pasa más despacio en ciertas circunstancias. Así, en esta última escena, el padre se encuentra con una hija mucho más anciana que él mismo. Ahí es donde se da toda la fuerza simbólica de lo que veníamos diciendo: el padre se retira para dejar que el hijo florezca. El padre está ante una hija que ha devenido en más sabia, más lista y con más prestigio que él... lo cual queda todo reflejado en su mayor ancianidad. Sin embargo, ella le sigue reconociendo como su padre, sigue viéndole como su ascendiente. Y, con ese encuentro que refleja a la perfección el símbolo del hijo que, gracias a su padre, ha devenido en más que su propio padre, se cierra la película.

Esta nota antropológica resulta difícil de casar con la idea de la búsqueda de un hijo para paliar una necesidad o satisfacer un deseo, idea que está detrás de los discursos justificativos de la maternidad subrogada. Resulta difícil imaginar a un padre realizando el sacrificio del ego más grande que hay, el de dejar de considerar el mundo desde sí mismo para considerarlo en atención a otro, cuando la búsqueda de ese otro era ya, desde el primer momento, parte de la satisfacción de ese ego. Alguien podría decir que es el mismo caso que en la adopción, pero, aparte de las diferencias que puedan encontrarse, cabe señalar que esta nota antropológica no está aislada, sino combinada con las otras señaladas. El que adopta busca satisfacer un deseo, pero no lo satisface produciendo algo, procurándose a sí mismo algo. La falta de control parcial, que era la que permitía, mediante la indisponibilidad, que la experiencia fuera resonante, es también aquí la garantía de que la acción no corresponde a un mero egoísmo vacío.

Y también, por último, cabe advertir que, al decir que nace del egoísmo, no se pretende menospreciar el sufrimiento de una pareja incapaz de engendrar. Recordemos lo dicho de la actitud de los padres de Konrad: sabemos que la inmensa mayoría de parejas que busca un hijo mediante gestación por sustitución no lanzarán a su niño la mirada fría del comprador que, recién adquirido su producto, lo analiza en busca de defectos. Sin embargo, sigue siendo cierto que hay que pensar muy bien si un niño gestado de esta forma responde todavía al paradigma del acontecimiento, o si ya transita al ámbito de la producción, porque ese tránsito puede provocar unas consecuencias terribles sobre la identidad del niño, lo queramos o no, lo estemos buscando o no, hagamos un enorme esfuerzo por evitarlo o no.

Pues bien, este caso es lo mismo: hay que plantearse seriamente si el deseo de «tener un hijo» está todavía dentro del ámbito antropológico correcto, en el cual el descendiente se vuelve acontecimiento que cambia nuestra vida y está llamado, misteriosamente, a sucedernos a la vez que nos precede. Si no es así, y pese a las buenas intenciones que podamos aducir, tener el hijo se volverá algo instrumental, referido a nosotros mismos y no a él. Y, una vez más, el riesgo gravísimo de la destrucción de identidad al que se le puede someter debería hacernos pensar muy seriamente qué estamos haciendo, y si debiéramos hacerlo.

3. Conclusiones, recapitulaciones, cosas

Hemos recorrido algunas historias, de muy diferente guisa, para tratar de dibujar una reflexión sobre el nacimiento, la paternidad/maternidad o lo debido a los hijos. Es cierto que esta argumentación podría entenderse débil, al menos por sí misma, y por ello nuestra argumentación entra también a analizar cuestiones jurídicas. Sin embargo, este recorrido hecho hasta ahora, si bien podría ser blanco de una crítica por demasiado subjetiva, no deja de ofrecer elementos interesantes para la reflexión.

Lo que hemos argumentado es que la paternidad/maternidad en el sentido biológico es inseparable de sus elementos socioculturales. Y esto, con varios matices: primero, la enorme preeminencia del elemento biológico, que tiene una fuerza demasiado grande como para quedar diluida por los elementos sociales y culturales. Por ello, los niños retienen siempre el derecho a conocer a sus padres según la biología. La adopción, único caso hasta el momento en el que la paternidad social y cultural destrona a la paternidad biológica, tiene cabida en forma de excepción, realizada por atender las necesidades del niño.

Y esto, atender preponderantemente las necesidades del niño, es otro elemento sobre el que hemos reflexionado, a partir de las historias de Edipo y de Telémaco, en el tercer punto del recorrido. El niño, nacido a partir de sus padres, y puesto bajo su cuidado y tutela en los años de infancia, es, sin embargo, preeminente a sus progenitores. Es lo correcto y lo adecuado para un niño que sus padres se vuelquen con él, y que sea por él y por su bien por quien se toman las decisiones, en vez de instrumentalizarle. No parece haber esa preeminencia, tan sana y garante de un equilibrio en el hijo, cuando los padres quieren procurarse un hijo para saciar una necesidad propia. Sin acusar a nadie de un egoísmo caricaturesco, es importante reflexionar sobre qué necesidad se está paliando con esa decisión, si la del hijo, que es puesto en el centro, o la del padre y madre, que le estarían entonces reduciendo a un instrumento, un medio, y eso aun sin pretenderlo.

Por último, esa condición de no poder ser reducido a objeto o medio también ha aparecido en el segundo punto de nuestra reflexión. Ahí, hemos insinuado la posibilidad de que ser engendrado, y no fabricado, sea realmente lo propio de la condición de hijo (a imagen, por cierto, de lo señalado en el credo cristiano sobre Dios Hijo, que es «engendrado, no creado» por Dios Padre). En ese caso, una vez más, aparecería un elemento de utilización del hijo, de instrumentalización. Al aplicarle la lógica de fabricación, el hijo esperado ya no es un acontecimiento, ya no es una experiencia resonante, sino que entra en el aburrido y prosaico proceso de la fabricación, perdiendo su especialísima dignidad.

Estos argumentos los ofrecemos como posible alimento de un pensamiento reflexivo. No es lo único que tenemos que decir sobre la maternidad subrogada, ya que su práctica ofrece también numerosas dudas éticas, por las consecuencias inevitables que trae consigo y por las dificultades (a nuestro parecer, insuperables) para alcanzar una regulación que proteja los intereses de todas las partes en juego. De estas dudas nos ocupamos a continuación.

CAPÍTULO III
EL DERECHO ANTE LA MATERNIDAD SUBROGADA

1. Los términos generales del debate

En el capítulo anterior hemos ofrecido algunas razones antropológicas por las que resulta cuestionable la práctica de la gestación por sustitución. En este nuevo capítulo dejamos de lado el discurso filosófico y pasamos a ocuparnos de la maternidad subrogada desde una perspectiva primordialmente jurídica y centrada en las consecuencias que trae consigo. En concreto, nos preguntamos si sería posible articular una norma jurídica que regulara la maternidad subrogada, eludiendo las principales objeciones que se presentan, en especial, las que tienen que ver con la explotación de la gestante y la desprotección del bebé.

Al igual que ocurre en la filosofía, en el Derecho existe un intenso debate sobre la regulación que deba darse a la maternidad subrogada. En España está prohibida por ley, aunque todavía existen resquicios que permiten a comitentes españoles recurrir a esta vía a nivel internacional para tener un hijo. También está prohibida en Francia e Italia. Sin embargo, se permite en países que nos son culturalmente próximos, como Portugal, Grecia, Irlanda y Reino Unido.

El razonamiento básico para defender la regulación de la maternidad subrogada se sostiene sobre tres afirmaciones: (1) la maternidad subrogada en sí misma no atenta contra la dignidad del niño, ni le causa necesariamente daños, y tampoco lesiona la dignidad ni la autonomía de la mujer gestante; (2) por ello, no tiene sentido prohibirla y lo correcto es regularla de manera cuidadosa para que se lleve a cabo con garantías para todas las partes implicadas; y (3) si no se hace así, no se impedirá que se recurra a la gestación por sustitución, pero haciendo de ella o bien una práctica elitista, lo que va en contra de la igualdad, o bien una práctica al margen de la ley, lo que genera inseguridad jurídica y actividad delictiva.

En nuestra opinión, estas tres afirmaciones son, en buena medida, gratuitas.

(1) Obviamente, la gestación por sustitución constituirá o no un atentado contra la dignidad del niño dependiendo, en primer lugar, del con-

cepto de dignidad que manejemos. ¿Es indiferente para la dignidad del niño imponerle una disociación entre filiación biológica y filiación legal? ¿Es irrazonable sostener que la dignidad del niño exige que su madre biológica sea también la legal? No sería descabellado imaginar un supuesto en el que un hijo fruto de gestación por sustitución recriminara a sus padres legales haberle impedido tener como madre legal a la madre gestante. ¿Se trata de una queja atendible o caprichosa? ¿Estaría justificado su reproche, no solo a los padres legales, sino a la «madre gestante», que firmó el contrato, y al Estado, que dio cobertura jurídica a ese modo de proceder? No es el momento de debatir la cuestión, sino simplemente de poner de manifiesto que la respuesta no es evidente. Algo parecido ocurre cuando se presume que esta práctica no atenta contra la autonomía de la gestante. No se puede negar con carácter general que existan mujeres que den su consentimiento libre e informado a gestar por sustitución. Pero tampoco se puede desconocer que la mayoría de las mujeres que se prestan a este servicio a cambio de una retribución son mujeres que necesitan de esos ingresos para vivir. Si, además, son mujeres de otros países, es muy probable que tengan graves dificultades para entender y negociar las condiciones de su contrato. Por eso, más que presumir que no se lesiona la autonomía de la mujer, habría que presumir lo contrario y adoptar las consecuentes garantías legales para que no llegara a suceder. Como dice el proverbio latino: *Res ipsa loquitur*, los hechos hablan por sí solos. En consecuencia, corresponde a quien entienda que los hechos quieren decir otra cosa distinta de la que resulta patente, demostrar que, con carácter general, las mujeres que gestan para otros no lo hacen por necesidad económica.

(2) El argumento de la ineficacia de la prohibición, en primer lugar, habrá que probarlo y, en segundo lugar, no constituye por sí mismo un argumento a favor de la legitimidad de la maternidad subrogada. Puede que en un país no resulte muy eficaz la prohibición del fraude fiscal; pero evidentemente la solución no podrá ser una fiscalidad voluntaria. Frente a la dudosa acusación de ineficacia para las normas que prohíben la maternidad subrogada, se pueden hacer tres afirmaciones incuestionables. Primera, que resulta extraordinariamente difícil ofrecer una regulación de esta práctica con garantías suficientes para evitar toda suerte de desamparo a los niños así obtenidos y de explotación a las mujeres gestantes. La experiencia de estas décadas lo acredita de forma continuada. Segunda, que en el momento en que la subrogación se convierte en una práctica que va más allá de las fronteras

nacionales, el umbral de legalidad lo acabará estableciendo el país que, teniendo la regulación más permisiva, cuente con una buena oferta de precios, suficiente seguridad jurídica y unas condiciones biotecnológicas y sanitarias adecuadas. Solo estableciendo una regulación de alcance universal, cosa del todo improbable en este momento, ni en el medio plazo, se podrían garantizar efectivamente unos mínimos de protección a la gestante y al niño. Tercera, la regulación de esta actividad (aunque sea de forma restrictiva) contribuye a su legitimación social, lo que genera un «efecto llamada» en muchas personas, bien como comitentes o como gestantes.

En los últimos decenios se ha ido abriendo paso en el Derecho internacional el principio de precaución, que viene a sostener que, ante el riesgo de amenazas graves e irreversibles para la salud o el medio ambiente, se deben adoptar medidas precautorias, aunque no exista la seguridad de que el daño vaya a producirse. Este principio actúa en un contexto de incertidumbre acerca de los riesgos. No se basa en el miedo (por muy extendido que pueda estar), sino en valoraciones científicas sobre esos riesgos. Para que opere este principio, impidiendo o limitando el desarrollo de una actividad, tiene que darse una amenaza de daño grave o irreversible y las medidas precautorias que se adopten deberán ser proporcionales al impacto de ese riesgo en la sociedad. Con este principio se invierte la carga de la prueba, de modo que corresponde a quien quiera llevar a cabo la actividad demostrar su carácter inocuo.

Este principio se ha fraguado en el campo de la biomedicina y el medio ambiente y está pensado para prevenir graves daños en las condiciones de vida de las comunidades humanas. No es el caso de la maternidad subrogada, que va a ser siempre un asunto que afecte a muy pocas personas y, por tanto, en términos cuantitativos, el daño no alcanzará a muchos. No obstante, puede resultar pertinente tomar en consideración el principio de precaución a la hora de regular la maternidad subrogada. Hay evidencias científicas de que esta práctica entraña riesgos y son graves. Se puede discutir si el daño social de permitir esta práctica es o no muy alto, pero lo que es incuestionable es que el daño de la explotación para las gestantes y desamparo para los niños así obtenidos sí lo será. De ahí que la proscripción de esa actividad en base a este principio podría no ser en absoluto desproporcionada. Solo en aquellos casos en los que los interesados en la maternidad subrogada demostraran que no existe riesgo alguno de explotación o desamparo se podría considerar su aprobación.

Pero el principio de precaución debería ser complementado con otro que, aunque se ha mantenido más en el plano de la ética que del Derecho, podría tenerse en cuenta también en el ámbito jurídico. Me refiero al principio de responsabilidad propuesto por Hans Jonas[1] mediante distintas formulaciones, una de las cuales dice así: «Obra de tal modo que los efectos de tu acción sean compatibles con la permanencia de una vida humana auténtica en la Tierra». Este principio podría justificar la prohibición de la maternidad subrogada en base a dos tipos distintos de consideraciones. Primero, porque esta práctica amenaza la vida humana auténtica en la tierra al incrementar los riesgos de explotación (de las gestantes) y de desamparo (de los niños). Y segundo, porque si entendemos que todo ser humano merece que su madre biológica sea también su madre legal, la escisión impuesta entre filiación biológica y filiación legal será vista como una verdadera amenaza a la vida humana auténtica. Existen dos situaciones excepcionales en las que este bien de vincular filiación biológica y legal no se podría garantizar: cuando la madre biológica se ve incapaz de llevar adelante la crianza y renuncia al bebé; y cuando la madre

---

[1] Jonas, H., *El principio de responsabilidad. Ensayo de una ética para la civilización tecnológica*, Herder, Barcelona 1995.

biológica es objetivamente incapaz de llevarla a cabo y se le retira la patria potestad. El primer caso supone un ejercicio de responsabilidad (y generosidad) por parte de la madre. El segundo lo es por parte de los poderes públicos, cuando advierten que mantener al niño con su madre constituye un daño extraordinariamente grave contra el niño (y, a veces, incluso, contra la propia madre).

(3) Se afirma que la prohibición de la maternidad subrogada no impedirá que se siga practicando, pero se convertirá en una práctica elitista y con unos riesgos adicionales a los que de suyo conlleva. Es cierto que en los últimos años ha crecido exponencialmente esta práctica en el marco del turismo reproductivo internacional: allí donde hay buenas condiciones económicas, médicas y legales para contratar los servicios de una gestante acuden las personas que quieren tener un hijo por esta vía y pueden permitírselo. Esa asimetría en la relación entre la gestante y los comitentes, junto con un marco legal que tiende a favorecer a quien contrata el servicio, disparan los riesgos para la gestante y el niño. La solución a estos problemas no es tan sencilla como aprobar una regulación protectora de los intereses de la gestante. La pregunta que debe plantearse con carácter previo es: ¿se puede regular esta práctica de modo que garantice efectivamente, tanto

a nivel nacional como internacional, la libertad de la gestante y el interés superior del menor? Hay muchos motivos para dudar de que una regulación de la maternidad subrogada de alcance internacional y carácter lucrativo garantice la dignidad de las partes más débiles de la relación. Entre una prohibición —que pudiera no ser del todo eficaz e hiciera aflorar cierto mercado negro de la gestación por sustitución— y una regulación, que probablemente no lograría prevenir muchos abusos e incrementaría el recurso a esta práctica, es razonable pensar en la primera de las alternativas como menos perjudicial.

2. La maternidad subrogada internacional

Aunque los primeros contratos de gestación por sustitución de alcance internacional (aquellos en los que la mujer que cede su útero para gestar y quienes asumirán la paternidad de ese bebé viven en países distintos) se celebraron a finales del siglo pasado, su crecimiento exponencial ha tenido lugar en los últimos 25 años. Concretamente, entre 2006 y 2010 el incremento fue del 1 000%. La tendencia, en general, ha seguido siendo creciente. Desde entonces, el fenómeno de la subrogación uterina internacional ha estado frecuentemente presente en los medios de comunicación de todo el mundo. El incremento del número de gestaciones por sustitución internacionales, y las terribles condiciones en las que muchas veces se llevan a cabo, han sido objeto de fuerte controversia. Algunas de esas condiciones de auténtica explotación, al conocerse, dieron la vuelta al mundo y llegaron a desencadenar reformas en la regulación de la maternidad subrogada en los países donde habían tenido lugar. El ejemplo paradigmático de lo que decimos fue India, que pasó de ser la gran potencia en maternidad subrogada internacional a prohibirla en 2015. En todo caso, y a pesar de esos escándalos, la subrogación internacional de carácter comercial se ha ido abriendo paso como una alternativa reproductiva más.

Concretamente en los últimos años, esta práctica ha sufrido un enorme incremento con relación a la maternidad subrogada nacional, porque resulta más económica y porque permite sortear muchas de las restricciones legales que los comitentes se encuentran en sus países de origen. Se estima que en 2010 en Reino Unido nacieron unos 100 niños mediante subrogación nacional, mientras que unos 1 000 británicos tuvieron hijos por esta vía de mujeres indias. En aquellos países europeos en los que la subrogación está prohibida, miles de personas recurren cada año a la subrogación comercial internacional. Esto genera un problema enorme: por un lado, inscribir a los niños de maternidad subrogada internacional como hijos de los comitentes es contrario al ordenamiento jurídico de esos países. Pero, por otro, dejar de hacerlo es contrario al interés superior del menor pues, si no son inscritos como hijos de los comitentes, pierden su derecho a tener unos padres y quedan en una situación de máxima vulnerabilidad.

El Tribunal Europeo de Derechos Humanos, que es máximo garante jurisdiccional de los derechos humanos para los países miembros del Consejo de Europa, se ha pronunciado en varias ocasiones sobre asuntos relacionados con la maternidad subrogada. Las sentencias más relevantes son las que dictó en 2014, en los casos Mennesson y Labasse contra Francia, la Paradiso y Campanelli contra Italia de 2017, y la más reciente Valdís Fjölnisdóttir y otros contra Islandia de 2021. En todas ellas ha mantenido un criterio homogéneo. Reconoce la libertad que tienen los estados de prohibir la maternidad subrogada y de vincular la filiación legal a la biológica, en base al principio de *Mater semper certa est*. Pero afirma que tanto el niño habido mediante maternidad subrogada como los comitentes tienen derecho a la vida privada y familiar (recogido en el art. 8 del Convenio Europeo de Derechos Humanos) y no pueden quedar desamparados. Para evitarlo, existen dos opciones, en función de las circunstancias. Si existe vínculo genético entre los comitentes y el niño, deberá inscribirse la filiación a favor del progenitor genético. Cuando no exista, el estado no tendrá por qué inscribir la filiación, pero deberá recurrir a figuras como la adopción o el acogimiento permanente, que eviten el desamparo del niño.

Más allá de estos pronunciamientos judiciales, a nivel internacional existe una escasa y ambigua regulación sobre la maternidad subrogada. El Consejo de Europa la ha rechazado en alguna recomendación, pero no ha llegado a aprobar normas obligatorias en esa dirección para los países miembros. La UE, por su parte, dio un importante paso adelante en 2024, al aprobar la Directiva 2024/1712 por la que se modifica la Directiva 2011/36/UE relativa a la prevención y lucha contra la trata de seres humanos y a la protección de las víctimas. La modificación consiste en establecer la maternidad subrogada como una nueva forma de explotación. Ahora bien, la misma norma deja claro que no toda forma de maternidad subrogada será tenida como explotación, sino solo aquellas que «tienen en su punto de mira a quienes coaccionan o engañan a mujeres para que actúen como madres subrogadas».

En el anterior capítulo hemos visto que existen buenas razones filosóficas para descartar la maternidad subrogada como una vía para tener un hijo. Pero incluso muchas de las filosofías que no identifican problema moral alguno en la maternidad subrogada en sí misma reconocen las graves dificultades que existen para dar con una regulación que proteja suficientemente a las partes más afectadas: gestantes y niños. La experiencia habida hasta el presente en este campo resulta desalentadora en este sentido: pone de manifiesto que la regulación de la maternidad subrogada no funciona correctamente en el plano internacional y, además, crea importantes tensiones con las legislaciones estatales que la prohíben en sus territorios.

A continuación nos vamos a centrar en los problemas, en nuestra opinión, difíciles de resolver, para conseguir una regulación internacional suficientemente protectora de los sujetos más vulnerables implicados en la maternidad subrogada, la gestante y el niño, pero también de los comitentes.

2.1. Los hijos resultantes de la subrogación internacional

Los riesgos que sufre un niño obtenido mediante subrogación internacional, tanto durante la gestación como después del nacimiento, son patentes y sumamente graves.

En primer lugar, nos encontramos con que la gestante tiene que cuidar de la vida que está desarrollándose en su interior, pero evitando implicarse durante el embarazo como lo que es, su madre, puesto que será separada del bebé tras el nacimiento y no llegará a ser reconocida como su madre legal. Cualquiera puede entender que no es una tarea fácil de llevar a cabo para las gestantes, por más que hayan firmado libremente un acuerdo en ese sentido. En todo caso, parece «lógico» que la gestante evite encariñarse con la vida que está gestando, para reducir así el duelo que tendrá que afrontar en el momento de la separación. Pero ¿es correcto que el Derecho permita situaciones en las que lo más conveniente para la gestante (no generar apego hacia la vida que está gestando) resulte contrario a lo más conveniente para el bebé (contar con el afecto materno a lo largo de todo el embarazo)? Es posible imaginar que una mujer geste a un bebé para otras personas y, durante el embarazo, le dé todo el cariño y los cuidados que requiera para su buen desarrollo, sin generar el apego materno. Pero parece un reto bastante difícil (y probablemente injusto) de asumir para la gestante.

En segundo lugar, es lógico que se produzcan discrepancias entre la gestante y el/la/los comitente/s sobre los cuidados prenatales que deben procurarse al bebé. La presencia de esos dos agentes que pueden rivalizar sobre el modo de conducir la gestación, afectando directamente al bebé, se manifiesta en toda su trascendencia cuando existen discrepancias sobre la continuación o no del embarazo. En aquellos países en los que está aprobado el aborto, no será fácil determinar en el contrato quién y en qué condiciones podrá decidir el aborto del bebé que se está gestando. Esa situación multiplica la incertidumbre sobre la vida prenatal.

En tercer lugar, el nacimiento es un momento de especial riesgo, pues de nuevo se pueden producir situaciones de conflicto entre la gestante y los comitentes acerca del destino final del bebé. Es cierto que existen leyes que contemplan que la gestante pueda quedarse con el bebé tras el parto, pero esas leyes suelen regir para los contratos nacionales de maternidad subrogada. En los acuerdos internacionales no existen normas que garanticen esa opción: al contrario, los contratos firmados suelen exigir la renuncia a la maternidad desde el inicio del embarazo. Pero, aunque las cosas no fueran así, probablemente la gestante afrontaría dos poderosas dificultades. Primera, la carencia, en la mayor parte de los casos, de los medios para hacerse cargo del bebé. Si, como es mundialmente conocido, la mayoría de las mujeres que gestan para personas de otros países lo hacen por necesidad económica, es obvio que no van a disponer de los medios para asumir ellas la maternidad aunque quisieran hacerlo. Y segunda, es probable que la gestante sufra el estigma del grupo al que pertenece, tanto si gesta para otros como, peor aún, si finalmente decide y consigue quedarse con el bebé. Evidentemente, la situación es distinta dependiendo de que el bebé haya sido concebido o no con el óvulo de la gestante. En la subrogación internacional, las gestantes no suelen aportar el óvulo. Pero, aun así, el nacimiento y la consiguiente separación de la gestante seguirá siendo un momento de incertidumbre para el bebé.

En cuarto lugar, el bebé sufre la separación de su madre gestante, lo que impide que sea alimentado con la leche materna y que disfrute del contacto «piel con piel», medidas promovidas en la actualidad en todo el mundo por pediatras y enfermeras por la evidencia de sus magníficos resultados para el buen desarrollo del bebé. Es cierto que el bebé podrá ser alimentado con leche materna de bancos de leche y que los comitentes pueden ofrecer ese contacto «piel con piel», pero no serán ni la leche ni la piel de la madre que lo ha gestado durante nueve meses. Más allá de los obvios efectos que tiene para el hijo la ruptura del vínculo con su madre gestante, sería interesante conocer si esa ruptura puede tener también efectos negativos de carácter psicológico en el posterior desarrollo del niño.

En quinto lugar, es probable que los intereses del hijo a conocer el modo en que fue gestado y la identidad de la gestante colisionen con los de los comitentes o incluso de la propia gestante. Parece sumamente difícil garantizar el derecho del hijo a conocer la identidad de su madre gestante cuando es una mujer de otro país. No solo porque no existe una regulación internacional en estos momentos que lo contemple, sino porque lo habitual es que ni los comitentes ni la gestante tengan interés en dar a conocer esa información. Pudiera ser, además, que la madre legal no sea la que haya aportado el óvulo para la fecundación. En ese caso, el niño no solo podría verse privado de conocer sus orígenes biológicos (¿quién es la madre gestante?), sino también sus orígenes genéticos (¿quién es la donante del óvulo?). No es justo para un niño verse en una situación en la que sean sus propios padres legales quienes decidan si accede o no al conocimiento de sus orígenes biológicos. El disfrute de un derecho (en este caso, el derecho del hijo a conocer los propios orígenes) no puede depender de lo que decidan otros (sus padres legales). En todo caso, debe tenerse en cuenta el impacto psicológico y social sobre el niño de las circunstancias en que fue concebido. Si ya resulta difícil asimilar una adopción, es previsible que los hijos de una subrogación internacional padezcan dificultades análogas o incluso superiores para asimilar sus orígenes.

2.2. La mujer gestante

Aunque algunos hablen incluso de un derecho de la mujer a ejercer la subrogación uterina, resulta más que dudoso calificar como derecho una actividad que, en su inmensa mayoría, llevan a cabo mujeres que necesitan dinero para atender sus necesidades personales y familiares, y que supone gestar un bebé para otra persona sujetándose a su supervisión. Por eso, otros concluyen que la subrogación uterina es justo lo contrario de un derecho: es una forma de explotación. Y aunque no tiene por qué dar siempre lugar a una relación de explotación, será una práctica con un alto riesgo de incurrir en ella, sobre todo para las mujeres de los países en vías de desarrollo, que se encuentran en situación de mayor vulnerabilidad.

En la maternidad subrogada internacional existe por principio una gran asimetría en la relación entre la gestante y los comitentes, lo que dificulta que el contrato se lleve a cabo entre dos partes que verdaderamente son libres e iguales. Es probable que la gestante tenga dificultades para comprender en toda su magnitud el servicio para el que se la contrata y las condiciones en las que tiene que prestarlo. También es probable que la gestante carezca de un asesoramiento legal que le permita comprender las obligaciones legales que adquirirá y las consecuencias legales de sus actos. La diferencia de lengua puede constituir un importante obstáculo en el acceso a la información, que tenderá a perjudicar a la gestante.

Durante el embarazo, la gestante puede ver drásticamente limitada su libertad en la medida en que los comitentes tratan de controlar su vida para que sea conforme a lo que ellos entienden mejor para el bebé. Con ese afán, los comitentes tratarán de controlar no solo los hábitos alimentarios, el estilo de vida, las relaciones sexuales o la realización de actividades físicas, sino hasta las mismas emociones. Entre las obligaciones que se suelen imponer a las gestantes destaca la cesárea como forma de dar a luz, con el fin de evitar el sufrimiento fetal durante el parto. En esta situación, la gestante se encuentra ante la disyuntiva de abdicar de sí misma durante nueve meses (y consecuentemente, de sus criterios sobre el modo de llevar a cabo la gestación) o verse abocada a un probable conflicto con los comitentes. Las posibilidades de que el Derecho ponga límite a esta situación de dominio de un individuo sobre el cuerpo de otro son reducidas, porque el mercado reproductivo siempre encontrará mujeres dispuestas a ofrecer, junto con el servicio de gestación por sustitución, la total disposición a cumplir los deseos que manifiesten los comitentes sobre el modo en que debe conducir su gestación.

Se sabe que, en muchos casos, la subrogación internacional comporta la separación de la gestante de su familia y su confinamiento en clínicas durante el tiempo del embarazo. La retribución que obtendrá por este servicio de gestación será a costa de desatender a quienes trata de ayudar con el dinero que va a ganar. Esa cantidad, aun siendo muy superior a la que obtendría mediante otros trabajos a los que podría aspirar, no suele resolver el problema económico de forma definitiva y puede acarrear, en cambio, un estigma social duradero dentro de la comunidad a la que pertenece. Tampoco resulta sencillo determinar cuál sería la retribución justa que debería recibir la gestante por su servicio: ¿debe determinarlo el mercado? En un contexto global, ¿es realista pensar en imponer una retribución mínima justa que sea asumida por cualquier país o una franja retributiva dentro de la cual deban situarse todos los países? ¿Acaso las limitaciones legales en un país no serán vistas como oportunidades para otros países de crecer en turismo reproductivo?

Por último, se debe tener en cuenta el impacto psicológico y social que la gestación por sustitución y, sobre todo, la renuncia al hijo puede tener sobre la gestante. India fue, hasta que la prohibió en 2015, la meca de la gestación por sustitución internacional. Pues bien, un estudio publicado en 2018 en la revista *Human Reproduction* concluía que las madres sustitutas de ese país tuvieron niveles más altos de depresión durante el embarazo y el posparto que las madres que se quedaban con sus propios hijos. También mostraban una menor conexión emocional con el feto, pero un mayor cuidado hacia el crecimiento saludable del feto que el grupo de madres de comparación.

En el contexto de la maternidad subrogada internacional, es sumamente difícil que la legislación y las políticas públicas garanticen, antes del inicio de la gestación, el consentimiento verdaderamente libre e informado de quienes van a ser gestantes; y, una vez concluido el servicio, que no tenga consecuencias psicológicas negativas en muchas de las mujeres. En todo caso, en un contexto de aceptación legal de esta práctica, parecería razonable exigir un examen psicológico a la mujer que quiere ser gestante, para descartar a aquellas cuya decisión se sustente en una motivación inadecuada (por ejemplo, la falta de estima por sí misma o una necesidad económica imperiosa) o en presiones externas, directas o difusas.

Mientras un país permita las subrogaciones internacionales sin contar con una regulación que proteja de manera efectiva los intereses de la gestante y del niño, la amenaza del tráfico de niños y de explotación de mujeres será continua. Y aunque exista una regulación que verdaderamente se aplique, no se puede desconocer el riesgo de que funcione como un simple control de calidad del servicio más que como una garantía de los derechos de la gestante y del niño. Cuando la regulación opera de ese modo, tiende a invisibilizar tanto la dramática situación que envuelve a la mayoría de las mujeres gestantes como el arriesgado viaje que lleva a cabo el bebé desde su concepción hasta que sus padres legales se hacen cargo de él.

2.3. Los comitentes

Aunque parezca que son la parte menos vulnerable de las implicadas en la subrogación internacional, tampoco se pueden desconocer los riesgos a los que se someten los comitentes. Se exponen, en primer lugar, al riesgo de confundir la gestación (que van a poner en marcha) con la obtención de un servicio y un producto que, como cualquier otro, busca primariamente la satisfacción personal. Cuando uno paga por un bien o servicio, es inevitable que su pretensión se ciña a obtenerlo con los mayores niveles de seguridad y calidad, tendiendo a despreocuparse por la persona que lo hace posible. El terremoto de Nepal de abril de 2015 puso en evidencia esta realidad. En aquel momento, muchos comitentes israelíes tenían en curso procesos de gestación subrogada en ese país. Pues bien, tanto las autoridades israelíes como los propios comitentes únicamente se preocuparon por salvaguardar los intereses de los bebés que habían encargado, dejando de lado los de las gestantes. En concreto, en el vuelo que recogió, tras el terremoto, a los quince bebés encargados por israelíes a gestantes en Nepal y que habían nacido en las seis semanas anteriores a la catástrofe, no viajó ninguna de las gestantes.

En segundo lugar, la enorme variedad de regulaciones nacionales y la total ausencia de un marco regulador internacional pueden generar una gran inseguridad jurídica para los comitentes. Así, por ejemplo, siguiendo con un ejemplo del mismo Israel, nos encontramos con que en ese país la maternidad subrogada es lícita para las parejas heterosexuales, no para las homosexuales. En consecuencia, los individuos o las parejas homosexuales que quieren satisfacer su deseo de paternidad tienen que acudir al mercado internacional, que normalmente florece en países cuya estabilidad institucional y eficiencia administrativa resultan mejorables. Concretamente, muchos de ellos recurrieron a India. Pero, tras la prohibición de la gestación por sustitución internacional en 2015, muchas mujeres indias que habían iniciado la gestación subrogada antes de la prohibición tuvieron que ir a Nepal a dar a luz. El resultado final llegaba a ser tan complejo como el siguiente: un bebé hijo de una pareja homosexual de varones israelíes, que había obtenido el óvulo en el mercado internacional, lo había fecundado con el esperma de uno de ellos, y había sido gestado por una mujer india, quien lo había dado a luz en Nepal. Este ejemplo ilustra la creciente complejidad que adquiere esta práctica y la inevitable inseguridad jurídica que trae consigo. Pretender una legislación protectora de las partes más vulnerables en la maternidad subrogada (la gestante y el bebé) y, al mismo tiempo, garantizar el derecho a reproducirse entendido como una prerrogativa individual es prácticamente una ilusión.

2.4. *El Tribunal Supremo ante la maternidad subrogada internacional*

Ya hemos dicho que la maternidad subrogada está prohibida en España. Sin embargo, eso no quiere decir que no se pueda llevar a cabo en el extranjero y acabe surtiendo plenos efectos en España. Para que así sea, los comitentes deberán hacer algunos «rodeos» jurídicos. La condición primera para lograrlo será que el comitente varón haya aportado el esperma a la hora de fecundar al embrión. Así, cuando nazca el bebé, podrá reclamar la paternidad legal ya que es el padre biológico. A continuación, si está casado o tiene pareja, la otra parte (masculina o femenina) podrá solicitar la adopción del bebé. Por tanto, el bebé será hijo del padre por filiación natural e hijo del otro progenitor por filiación adoptiva. Tiene sentido que se proceda así porque el niño indudablemente es hijo de su padre y, si tiene pareja, será lógico que ella solicite la adopción. Actuar de otro modo sería ir directamente contra los intereses del niño y también contra el legítimo interés del padre biológico.

Como se ve, por más que se intente prohibir la maternidad subrogada en un país, sus efectos reales solo alcanzan a impedir la maternidad subrogada nacional, no la internacional. En consecuencia, la desprotección que vive el bebé gestado mediante esta práctica desde el momento de la fecundación hasta el de la declaración de paternidad a su favor, así como el riesgo de explotación que sufre la mujer gestante, se mantienen intactos. Esta situación solo podría cambiar si se lograra una prohibición efectiva de la maternidad subrogada internacional, lo que resulta sumamente improbable de lograr en este momento. En cualquier caso, mantener esa prohibición por parte de los ordenamientos nacionales no es completamente fútil, pues constituye un desincentivo poderoso a la hora de recurrir a ella.

Ante esta situación, se comprende que las sentencias más relevantes que el Tribunal Supremo ha dictado hasta el momento en relación con la maternidad subrogada pongan de manifiesto dos dinámicas aparentemente contrarias entre sí, pero en realidad complementarias. Por un lado, exigen que se cumpla la ley vigente en España y que no se explote a las mujeres gestantes en el extranjero. Pero, por otro, adoptan decisiones dirigidas a proteger los intereses del niño nacido por maternidad subrogada internacional.

Ejemplo de esa primera dinámica es la STS 1153/2022. Por la complejidad jurídica de los hechos sobre los que tuvo que pronunciarse el Tribunal Supremo, no los relatamos ahora. Nos limitaremos a recordar que la situación de partida era la de una mujer española sola que encarga en México a otra mujer que le geste un bebé fecundado con material genético anónimo y que, en cuanto nazca, se lo entregue para que pueda inscribirlo como hijo de ella. Pues bien, la sentencia recoge el detalle de las cláusulas del contrato que suscribieron la comitente y la gestante. La sentencia las resume y valora como una instrumentalización sin paliativos:

7.- Tanto la madre gestante como el niño a gestar son tratados como meros objetos, no como personas dotadas de la dignidad propia de su condición de seres humanos y de los derechos fundamentales inherentes a esa dignidad. La madre gestante se obliga desde el principio a entregar al niño que va a gestar y renuncia antes del parto, incluso antes de la concepción, a cualquier derecho derivado de su maternidad. Se obliga a someterse a tratamientos médicos que ponen en riesgo su salud y que entrañan riesgos adicionales a las gestaciones resultantes de una relación sexual («tantas transferencias embrionarias como sean necesarias», «llevar a cabo hasta las transferencias de 3 (tres) embriones por cada ciclo de reproducción asistida», «tomar medicamentos para el ciclo de transferencia de embriones por vía oral, por inyección o intravaginal en horarios específicos durante periodos prolongados de tiempo»). La madre gestante renuncia a su derecho a la intimidad y confidencialidad médica («la gestante sustituta, mediante la firma del presente contrato, renuncia a todos los derechos de confidencialidad médica y psicológica, permitiendo a los especialistas que la evaluarán compartir dichos resultados con la futura madre», «la gestante sustituta acepta que la futura madre o un representante que la sociedad mercantil México Subrogacy' S. de R.L. de C.V.

designe, esté presente en todas las citas médicas relacionadas con el embarazo», «la futura madre puede estar presente en el momento del nacimiento del niño»). Se regulan por contrato cuestiones como la interrupción del embarazo o la reducción embrionaria, cómo será el parto (por cesárea, «salvo que el médico tratante recomiende que sea un parto vaginal»), qué puede comer o beber la gestante, se fijan sus hábitos de vida, se le prohíben las relaciones sexuales, se le restringe la libertad de movimiento y de residencia, de modo más intenso según avanza el embarazo, prohibiéndole salir de la ciudad donde reside o cambiar de domicilio, salvo autorización expresa de la futura madre, hasta recluirla en una concreta localidad distinta de la de su residencia en la última fase del embarazo. La madre gestante se obliga «a someterse a pruebas al azar sin aviso previo de detección de drogas, alcohol o tabaco según la petición de la futura madre». Y, finalmente, se atribuye a la comitente la decisión sobre si la madre gestante debe seguir o no con vida en caso de que sufriera alguna enfermedad o lesión potencialmente mortal.

Ejemplo de la segunda dinámica, que busca proteger los intereses del niño de maternidad subrogada, fue la más reciente STS 1141/2024. En este caso, el Tribunal Supremo resuelve la solicitud de unos padres que, teniendo un hijo nacido en el extranjero como consecuencia de una gestación por sustitución, piden que se le inscriba como nacido en España y no en el país en que nació. Aunque las instancias jurisdiccionales inferiores les denegaron ese cambio en la inscripción registral, finalmente el Tribunal Supremo les dio la razón.

El alto tribunal entiende que, del mismo modo que la ley del Registro Civil permitía, en los casos de adopción internacional, cambiar el lugar de nacimiento del menor por el domicilio de sus padres adoptivos, cabría una aplicación analógica de la ley para los hijos nacidos en el extranjero por maternidad subrogada. Según el Tribunal Supremo, el hecho de que en el DNI constara ese lugar de origen «vulneraría el derecho a la intimidad del menor» y le expondría a una discriminación respecto de otras filiaciones que no se encuentra justificada.

Las feministas de la Alianza Contra el Borrado de las Mujeres criticaron esta resolución. Entienden que permitir el cambio del lugar de nacimiento del niño en el Registro Civil supone legitimar indirectamente una práctica como la maternidad subrogada, que trata a las mujeres gestantes y a los niños como objetos. También denuncian que esta resolución entraña «una falsificación de los datos registrales».

En nuestra opinión, aunque comprendemos que el Tribunal Supremo extienda a los hijos de maternidad subrogada el mismo trato que a los de adopción internacional para proteger su intimidad y evitar una discriminación, entendemos que ese no es el modo correcto de proceder. Primero, y más obvio, porque falsear unos hechos en un documento público es dar por buena la mentira. Y eso, en todo caso, solo debería permitirse para situaciones de extrema necesidad. Y, en segundo lugar, porque esta medida contribuye a que la información relativa a los orígenes biológicos y nacimiento de los niños de maternidad subrogada quede velada para siempre. Negar a un hijo la información relativa a las circunstancias de su gestación, filiación, adopción o nacimiento supone un atentado contra su derecho a conocer la verdad sobre su origen, aspectos fundamentales en la consolidación de su identidad. Si se quiere impedir, con razón, que se viole la intimidad de los niños de adopción internacional o de maternidad subrogada internacional, debería eliminarse la mención al lugar de nacimiento del DNI y no falsear un documento público. En cualquier caso, mientras sea posible recurrir a la maternidad subrogada internacional, el Derecho tendrá que oscilar entre proteger los intereses superiores del niño a tener una familia y la defensa de los derechos de las mujeres a no ser reducidas a instrumentos.

2.5. *Propuestas para prohibir la maternidad subrogada internacional*

Del repaso que hemos hecho de la maternidad subrogada internacional, podemos concluir que se trata de una práctica en la que los comitentes suelen ser personas pudientes procedentes de países desarrollados y las gestantes, mujeres pobres de países en desarrollo. Ante esta realidad, que puede dar pie a la explotación de mujeres y al tráfico de niños, algunos autores sostienen que una regulación internacional podría evitar esos riesgos y que una prohibición no evitaría ni el desarrollo de esta práctica ni, mucho menos, los riesgos de daño para los más vulnerables. Otros, por el contrario, entendemos que esa pretensión es ingenua porque resulta extraordinariamente difícil alcanzar un acuerdo regulatorio universal y que esa regulación sea respetada por todas las partes. De hecho, la Conferencia Internacional de Derecho Privado de La Haya, que es la organización internacional que tiene por objeto buscar la homologación de las normas de Derecho internacional privado a nivel mundial, lleva años tratando de acordar unas normas mínimas para esta práctica, sin haber conseguido nada por el momento.

Pero más allá de esas consideraciones sobre la viabilidad de una norma protectora de todos los intereses en juego, entendemos que la práctica de la subrogación uterina de carácter comercial es en sí misma un atentado contra la dignidad de la mujer y del futuro bebé. En consecuencia, se debería llegar a una prohibición universal o, al menos, adoptar todas las medidas legales y políticas para evitar la proliferación de mercados de úteros en países donde la pobreza femenina puede abocar a muchas mujeres a ver esta práctica como su única salida.

En esa línea ya se manifestó el Comité de Bioética de España, que es el máximo órgano independiente de asesoramiento bioético a las instituciones del Estado, en el informe que elaboró en 2017 sobre los aspectos éticos y jurídicos de la maternidad subrogada. Entre sus propuestas conclusivas planteó la siguiente: «Hacia una prohibición universal de la maternidad subrogada internacional. Las desgraciadas experiencias de países en los que esta práctica ha puesto crudamente de manifiesto la explotación a la que son sometidas las mujeres gestantes es una razón fuerte para que España defienda, en el seno de la comunidad internacional, la adopción de medidas dirigidas a prohibir la celebración de contratos de gestación por sustitución a nivel internacional».

La sociedad civil internacional se ha movilizado en este sentido y así nos encontramos con dos iniciativas impulsadas con el objetivo de impedir la proliferación de esta práctica a escala internacional. La primera es la Coalición Internacional para la Abolición de la Gestación Subrogada (CIAMS), una federación de organizaciones feministas y de derechos humanos fundada en 2018 para abogar por la explotación reproductiva. Su visión es «un mundo en el que la capacidad reproductiva de las mujeres y la vida de las niñas y de los niños no se mercantilizan, en el que los derechos humanos y la dignidad de todas las personas sean más importantes que los beneficios».

Más recientemente, el 3 de marzo de 2023, el diario *Le Figaro,* de París, publicó la Declaración de Casablanca, cuyos primeros 100 firmantes son expertos de distintas disciplinas, principalmente abogados, médicos, psicólogos, sociólogos y filósofos, procedentes de más de cincuenta países de todo el mundo. Aunque la CIAMS aglutina a colectivos sociales y la Declaración de Casablanca es respaldada por expertos, ambas tienen el mismo fin de acabar con esta práctica.

El objetivo de la Declaración de Casablanca es la aprobación de una convención internacional para la abolición universal de la gestación subrogada. El texto de la declaración es breve pero

sustancioso: explica por qué la maternidad subrogada debe ser prohibida, propone una serie de
medidas que se deberían adoptar para lograrlo,
y viene acompañada de una propuesta de lo que
podría ser una convención internacional. Las razones que ofrece la declaración son las siguientes:

Convencidos de que el contrato mediante el
cual uno o varios mandantes acuerdan con una
mujer que esta geste uno o varios hijos con el fin
de que sean entregados al nacer, independientemente del nombre y de las condiciones de dicho
contrato, denominado a continuación maternidad subrogada:

Viola la dignidad humana y contribuye a la
mercantilización de las mujeres y los niños.

Solicitamos a los Estados la prohibición de la
maternidad subrogada en todas sus modalidades y tipos, sea o no remunerada, y la aplicación
de medidas para combatir dicha práctica.

Aunque compartimos el objetivo perseguido
por estas dos iniciativas, pensamos, como señalá-
bamos al inicio del capítulo II, que las razones más
poderosas para rechazar la maternidad subrogada
no son, aun siendo muy relevantes, las que tienen
que ver con el riesgo de mercantilización de la vida
de los niños y de explotación de las mujeres. Podríamos imaginar un contexto jurídico y social
idílico, en el que se garantizara tanto la libertad de
decisión de la mujer como la protección del niño

en todo el proceso. Es cierto, como veremos en el siguiente epígrafe, que eso es más fácil de imaginar que plasmar en normas efectivas. Pero, en todo caso, la razón inapelable para evitar el recurso a la maternidad subrogada está en que atenta directamente contra lo que merece el niño durante su concepción, gestación, nacimiento y crianza.

3. La maternidad subrogada nacional

Desde 1988, con la aprobación de la primera Ley de Técnicas de Reproducción Humana Asistida, España ha mantenido la prohibición de la maternidad subrogada. Tras la reforma de esa ley en 2006, la regulación se mantuvo igual:

Artículo 10. Gestación por sustitución.

1. Será nulo de pleno derecho el contrato por el que se convenga la gestación, con o sin precio, a cargo de una mujer que renuncia a la filiación materna a favor del contratante o de un tercero.

2. La filiación de los hijos nacidos por gestación de sustitución será determinada por el parto.

3. Queda a salvo la posible acción de reclamación de la paternidad respecto del padre biológico, conforme a las reglas generales.

En la reforma de la ley del aborto de 2023 se ha reforzado esta visión, al adoptarse en los siguientes artículos de la ley medidas que recuerdan el criterio adoptado en leyes anteriores, desincentivan la maternidad subrogada y sancionan la publicidad sobre los servicios de maternidad subrogada:

Artículo 10 quinquies. Campañas institucionales de prevención e información.

(...) También se impulsarán campañas que desmitifiquen todas las formas de violencia en el ámbito reproductivo contenidas en la presente ley, como la gestación por sustitución.

Artículo 32. Prevención de la gestación por subrogación o sustitución.

1. La gestación por subrogación o sustitución es un contrato nulo de pleno derecho, según la Ley 14/2006, de 26 de mayo, sobre técnicas de reproducción humana asistida, por el que se acuerda la gestación, con o sin precio, a cargo de una mujer que renuncia a la filiación materna a favor del contratante o de un tercero.

2. Se promoverá la información, a través de campañas institucionales, de la ilegalidad de estas conductas, así como la nulidad de pleno derecho del contrato por el que se convenga la gestación, con o sin precio, a cargo de una mujer que renuncia a la filiación materna a favor del contratante o de un tercero.

Artículo 33. Prohibición de la promoción comercial de la gestación por sustitución.

En coherencia con lo establecido en el párrafo cuarto del artículo 3.a) de la Ley 34/1988, de 11 de noviembre, General de Publicidad, las administraciones públicas legitimadas conforme al artículo 6 de dicha Ley instarán la acción judicial dirigida a la declaración de ilicitud de la publicidad que promueva las prácticas comerciales para la gestación por sustitución y a su cese.

Aunque en países como el nuestro la maternidad subrogada está prohibida, es imposible combatirla del todo. Si alguien recurre a ella en el extranjero y aporta su propio gameto (el esperma en caso de ser varón, el óvulo si se trata de una mujer), será inevitable reconocer la filiación a su favor en nuestro país en el momento en que la solicite, puesto que genéticamente será su padre o madre. Así lo puso de manifiesto el propio Tribunal Supremo español en una importante sentencia sobre el tema que dictó en 2014.

Si bien la cuestión regulatoria en España parece resuelta en este momento, resulta interesante pararse a pensar sobre una posible aceptación futura de la maternidad subrogada. ¿Por qué? Porque, como hemos visto, la demanda de servicios de maternidad subrogada en el mundo, y también en España, va a crecer en los próximos años. Y porque asistimos a un goteo constante de nuevos países que aprueban normas para regularla, y es probable que esa tendencia se contagie y vuelva a plantearse en el futuro, como ya se hizo en dos ocasiones en los últimos años. No parece que vaya a ser el caso a corto plazo porque las fuerzas políticas con mayor representación en el Parlamento no están por la labor en estos momentos. Así se han manifestado, entre otros, tanto Vox como Podemos, tanto el PSOE como Sumar. El PP mantiene una posición indefinida, en la que abogaría por regular de forma muy restrictiva, pero nunca ha llegado a aclarar los términos en los que lo haría.

Para reflexionar sobre la viabilidad de una regulación que proteja de manera efectiva los derechos de las partes implicadas en la maternidad subrogada, nos serviremos de la propuesta regulatoria impulsada por el grupo parlamentario de Ciudadanos, que por dos veces llegó y fracasó en el Parlamento español. La primera fue en 2017 y llevaba como título «Proposición de Ley (PL) reguladora del derecho a la gestación por subrogación». Casi seis años más tarde, en abril de 2023, pocas semanas después del anuncio del nacimiento por maternidad subrogada de la hija de una famosa artista española que causó un enorme revuelo en la opinión pública, como ya hemos dicho, el Grupo Parlamentario Ciudadanos llevó de nuevo al Congreso de los Diputados la «Proposición de Ley reguladora del derecho a la gestación por sustitución».

Las diferencias entre las dos eran mínimas. Ambas PL aspiraban a regular el ejercicio de la gestación por sustitución en España. Para ello, Ciudadanos apostaba por un modelo de gestación por sustitución de carácter altruista, en el que la mujer gestante no pudiera obtener beneficio por el servicio prestado, ni tampoco tener vínculo genético con el bebé al que diera a luz. Por tanto, la gestante solo se podría quedar embarazada como consecuencia de una transferencia de embriones que tuvieran la carga genética de, al menos, uno de los comitentes.

3.1. La maternidad subrogada como derecho y contrato

Una de las estrategias más exitosas para conseguir el reconocimiento jurídico de un deseo es presentarlo como una demanda de derechos humanos. Si los derechos humanos son los que garantizan la dignidad de cada persona, ¿cómo se va a rechazar una exigencia que se presente como el reconocimiento de un nuevo derecho? Sería como atentar contra la dignidad de la persona. Pero bien sabemos que no basta con envolver un deseo con la bandera de los derechos humanos para que realmente lo sea. Podemos encontrarnos con muchos deseos que, de ninguna manera, son acreedores a su consideración como derechos por más que se acuda a ellos para justificarlos. Ampliar ilimitadamente la lista de derechos humanos puede dar lugar a la creación de «derechos» que realmente no lo son; tiende a perjudicar la efectividad de los ya reconocidos como tales; y acaba devaluando los conceptos de dignidad humana y derechos humanos, que constituyen en estos momentos el fundamento de cualquier sociedad que aspire a ser justa.

El título de las PL de 2017 y 2023 es una muestra de esa estrategia que busca presentar los deseos como derechos pues habla del «derecho a la gestación por sustitución». Otras leyes que han regulado esta materia no se muestran tan pretenciosas. Así, por ejemplo, la ley portuguesa de 2016 tiene un título mucho más modesto y realista que la propuesta española y se limita a hablar de ley para «regular el acceso a la gestación por sustitución». A continuación, exponemos las razones por las que nos parece inconsistente y engañoso decir que la PL consagra un nuevo derecho y sostenemos que, más bien, regula un contrato aparentemente gratuito, pero gravemente oneroso.

La PL define el «derecho a la gestación por sustitución» como «el que les asiste a los progenitores subrogantes a gestar, por la intermediación de otra, para constituir una familia, y a las mujeres gestantes, a facilitar la gestación a favor de los subrogantes, todo ello en condiciones de libertad, igualdad, dignidad y ausencia de lucro, expresivas de la más intensa solidaridad entre personas libres e iguales» (art. 1). Nos encontramos ante un singular derecho a la gestación por sustitución, que se caracteriza por tener dos sujetos y dos expresiones completamente distintas: el de las personas que quieren tener un hijo a contratar a una gestante, y el de las mujeres a ofrecerse a gestar para otros.

A nuestro entender, hablar de derecho a la gestación por sustitución es retorcer el concepto de derecho hasta desfigurarlo. Primero, porque las personas que quieren ser padres por esta vía tendrán, como mucho, la libertad para contratar con una mujer que quiera hacerles el servicio de gestación; pero en ningún caso podrán exigir a nadie este servicio. Se trata, pues, de una libertad y no de un derecho. Pero, en segundo lugar, afirmar que con esta PL se consagra el derecho de las mujeres a gestar para otros parece un sarcasmo. Los derechos se reconocen para que las personas puedan vivir con libertad y desarrollar vidas plenas. ¿Se puede afirmar que, para la mujer, un modo de ejercer su libertad y desarrollar su vida en plenitud es ofreciendo un servicio de gestación para otros? Desde luego, no es nada fácil encontrar mujeres con cierta capacidad económica y social que gusten de realizarse a sí mismas ofreciendo servicios de gestación por sustitución. Por el contrario, la inmensa mayoría de las mujeres que se prestan a esta práctica son mujeres pobres en países pobres o mujeres a las que les viene muy bien recibir un ingreso económico por esta vía.

La cuestión del «derecho» a la maternidad subrogada presenta cierta analogía con la relativa a la prostitución: ¿se puede decir que los derechos de las mujeres quedan mejor reconocidos cuando incluimos entre ellos el derecho a ejercer la prostitución o, más bien, cuando apostamos por abolir la prostitución porque la entendemos inescindible de la explotación sexual a las mujeres? Ambas cuestiones son complejas y están sumamente discutidas. La prostitución, con su perpetuación a lo largo de la historia y su alcance universal, es una de las manifestaciones más execrables del patriarcado que ha dominado, y sigue dominando todavía, las relaciones entre mujeres y varones en muchos ámbitos de la vida social. Pero tiene dos importantes ventajas, a efectos de esquivar el riesgo de explotación de la mujer, respecto a la gestación por sustitución. Primero, que puede consistir en actos puntuales que no exijan, como en la maternidad subrogada, un compromiso total durante un tiempo prolongado (los nueve meses de la gestación).

Con ello no pretendemos ignorar que la prostituta suele estar sujeta a un régimen de explotación por parte del proxeneta que se prolonga en el tiempo, lo que genera una relación tan opresiva o más que la de la gestante supervisada en su embarazo por los comitentes. Y segundo, que, al menos en teoría, se puede concebir una prostitución en que exista cierta relación paritaria y la mujer disponga de las condiciones adecuadas para ofrecer libremente un servicio en las condiciones que ella estime más convenientes. Por el contrario, en la maternidad subrogada, es casi inevitable que los comitentes (sobre todo, si uno de ellos o ambos tienen vínculo genético con el bebé) impongan a la gestante las condiciones en las que debe llevarla a cabo. Con lo dicho no pretendemos defender que la prostitución sea regulada y no abiertamente combatida. Únicamente queremos poner de manifiesto que el riesgo de explotación para la mujer puede ser tan probable y prolongado en el tiempo en el caso de la maternidad subrogada como en el de la prostitución.

Aunque la PL habla del «contrato de gestación por sustitución», la definición que da en el art. 3 no concreta nada sobre su naturaleza, contenido y alcance. Se limita a decir que ese contrato es el «documento público por el que una persona o una pareja, formada por individuos de igual o diferente sexo, y una mujer acuerdan que esta será la gestante por subrogación, en los términos establecidos en esta Ley». Marta Albert propone una definición alternativa que realmente dé cuenta de todos esos aspectos: «contrato en virtud del cual se conviene la gestación a cargo de una mujer que renuncia a la filiación materna a favor del contratante o de un tercero, sin obtener precio a cambio. De modo que una parte se obliga a someterse a embarazarse, gestar nueve meses a un bebé, entregarlo tras el nacimiento y renunciar a la filiación materna a su favor. La otra parte, a su vez, se obliga a pagar una compensación económica por los gastos derivados del contrato, adquiriendo todos los derechos y obligaciones sobre el bebé derivados de la determinación de la filiación»[2]. Con esta definición, que define rigurosamente el alcance del contrato de gestación por sustitución, se evidencia la enorme desproporción en lo que aporta cada una de las partes. Esta situación podemos entender que se agrava cuando, como propone la PL, la maternidad subrogada tiene un carácter altruista y no genera ningún beneficio económi-

---

[2] Marta Albert, «La maternidad altruista y la maternidad subrogada», en Nicolás Jouve de la Barreda (ed.), *La maternidad subrogada: qué es y cuáles son sus consecuencias*, Sekotia, Madrid 2018, p. 119.

co para la mujer. Es de lo que nos ocupamos a continuación.

3.2. *Sobre la compensación a la gestante*

Ya se ha dicho que la PL apuesta por un modelo de maternidad subrogada aparentemente altruista, que exige que la gestante actúe de forma desinteresada. La mayoría de los países del mundo que permiten esta actividad, sin embargo, aceptan la maternidad subrogada de carácter comercial. Es evidente que, si no es así, la oferta disminuye y probablemente llegue a ser insuficiente. ¿Por qué entonces Ciudadanos solo acepta la maternidad subrogada altruista? Bien porque piensa que con las cosas de traer hijos al mundo no se comercia o bien porque, si se permitieran las retribuciones, el riesgo de explotación para las gestantes sería incontrolable.

El problema aparece cuando la PL determina el alcance de la compensación resarcitoria a las gestantes, es decir, la cantidad que los comitentes deberán entregar a la gestante por todos los gastos, pérdidas económicas y molestias que le pueda ocasionar la gestación. Esa compensación se perfila en unos términos tan amplios y ambiguos que permite de hecho a las gestantes percibir auténticas retribuciones. El art. 5 empieza prohibiendo el carácter lucrativo o comercial en la gestación por sustitución. Pero a continuación dice:

«2. La compensación económica resarcitoria solo podrá:

> a) cubrir los gastos estrictamente derivados de las molestias físicas, los de desplazamiento y los laborales, y el lucro cesante inherentes a la gestación, y

> b) proporcionar a la mujer gestante las condiciones idóneas durante los estudios y tratamiento pre-gestacional, la gestación y el post-parto» (art. 5).

El segundo inciso de la PL no establece una mera compensación, sino, más bien, una prestación económica en toda regla. En ningún caso se puede pensar que las «condiciones idóneas» de las que se habla consistan en proporcionar unos recursos mínimos para afrontar la gestación, porque la propia PL establece que la gestante ha de disfrutar por sí misma de una situación socioeconómica que le permita afrontar el embarazo «en condiciones óptimas de salud, bienestar y seguridad» (art. 7.1.f). ¿Cómo se puede compaginar la exigencia a la gestante de una situación socioeconómica desahogada con la de proporcionarle «las condiciones idóneas durante los estudios y tratamiento pre-gestacional, la gestación y el post-parto»? Hay poco margen para dudar que la PL consagra la obligación de los comitentes de abonar a la gestante una cantidad que va más allá de la compensación por los costes sufridos.

En todo caso, habrá que estar a lo que disponga la normativa de desarrollo. Pero los precedentes con los que contamos en España a este respecto no son especialmente orientadores porque no están suficientemente determinados. Entre las competencias que ya estableció la primera ley de reproducción humana asistida de 1988 para la Comisión Nacional de Reproducción Asistida estaba la de fijar las compensaciones por las «donaciones» de gametos para los tratamientos de reproducción asistida. La legislación española permite esa compensación para cubrir los gastos e inconvenientes derivados de la obtención de gametos siempre y cuando no constituyan incentivo alguno, se limiten estrictamente a los gastos y se preserve la salud de los donantes. En coherencia con ese criterio, la vigente ley 14/2006 reguladora de estas técnicas considera infracción grave «la retribución económica de la donación de gametos y preembriones» (art. 26.2 b 6ª). Pues bien, en la actualidad, las cifras que se manejan a nivel oficial para esa compensación son de algo más de 1 000 euros por donación de óvulos y 50 por donación de esperma.

Si nos fijamos en lo que dispone la legislación española en materia de donación de órganos inter vivos, se prohíbe que el receptor compense al donante con una cantidad que le procure las condiciones idóneas antes, durante y después del explante. En el caso de la maternidad subrogada, en cambio, sí se dispone que el comitente compense a la gestante en esos generosos términos. Por otro lado, en el caso de las donaciones inter vivos se establecen rigurosos mecanismos de control ético y jurisdiccional para garantizar que la donación es verdaderamente altruista. En la gestación por sustitución, por el contrario, no se establecen mecanismos específicos de control. La PL únicamente dice que «No está permitida la celebración de contratos de gestación por sustitución cuando exista una relación de subordinación económica, de naturaleza laboral o de prestación de servicios entre las partes implicadas» (art. 9.6). Pero no dice quién debe controlar el cumplimiento de ese requisito, ni contempla su incumplimiento como infracción.

Por lo demás, si la PL hubiera sido enteramente coherente con el criterio del altruismo como garantía frente a la explotación, habría adoptado medidas para evitar la maternidad subrogada internacional de carácter comercial. La PL no prevé nada en ese sentido. Así las cosas, la PL establece implícitamente tres categorías de padres de deseo. Primera, la del que tiene posibilidad de acceder al mercado internacional y conseguir la gestante que más le convenga para que le geste un bebé. Evidentemente, cuando alguien se lanza a ese mercado —casi siempre, a través de una agencia de servicios—, no se preocupa en primer lugar de la situación de la gestante. Es lógico que uno priorice la obtención de un bebé conforme a sus deseos y que, por encima de los intereses de la gestante, le preocupe el impacto sobre el bebé de las condiciones en las que se desarrollará el embarazo y el parto, la seguridad jurídica acerca de la entrega y la filiación, la consecución del precio más competitivo en función de las prestaciones contratadas, etc. Esta es la opción más extendida en España y que, con la PL, no sufriría el más mínimo cambio. La segunda categoría de padres de deseo sería la de los que tuvieran la fortuna de encontrar en España una gestante «altruista» y tuvieran la capacidad económica suficiente para compensarla y pagar, en su caso, a la agencia. La tercera categoría sería la de quienes solo pueden aspirar al deseo de ser padres porque carecen de los recursos para cualquiera de las dos opciones anteriores. Es evidente que esta situación existe en España y que la PL no le da solución. Para que el acceso a los servicios de gestación subrogada fuese igualitario, debería prestarlos exclusivamente la administración sanitaria. Pero eso entrañaría muchos otros problemas que no es el momento de tratar.

Por último, resulta poco coherente con el espíritu de una PL que habla de derecho a la gestación por sustitución (en realidad, como ya he dicho, que pretende consagrar una «libertad» para contratar una gestación por sustitución) que, al mismo tiempo, prohíba a las mujeres lucrarse por el desempeño de esta actividad. ¿No puede verse esta disposición como una restricción ilegítima de la libertad de la mujer a gestar a cambio de dinero? Si gestar para otros es un derecho de la mujer, lo coherente con ese punto de partida no sería prohibir la gestación lucrativa con carácter general, sino evitar que la comercialización de la capacidad gestacional diera pie a la explotación.

No se puede descartar que, detrás de esta apelación de la PL al altruismo de la gestante, se acantone el insidioso patriarcalismo que tanto cuesta de eliminar, y que se podría enunciar de dos versiones distintas, una más burda y otra más sutil. La burda vendría a decir: «Tú, mujer, estás para servir a otros con tu cuerpo, no para ganarte la vida con él. Por tanto, puedes gestar para otros, pero no beneficiarte por hacerlo». La modalidad más sutil se podría expresar así: «Tú, mujer, puedes ayudar a otras personas gestando para ellas. Pero para que no tengas mala conciencia por lo que haces, ni nosotros por hacerte este encargo, debes renunciar a obtener beneficio por hacerlo».

3.3. Sobre los requisitos para ser gestante y la determinación de la filiación

La PL establece una serie de requisitos que la mujer debe cumplir para ser gestante y durante la gestación. Probablemente, los más onerosos se contienen en el siguiente inciso de la norma: «la mujer gestante está obligada a someterse, en todo momento, a las evaluaciones psicológicas y médicas que sean necesarias para garantizar el cumplimiento de los requisitos exigidos. A tal fin, también deberá estar dispuesta a proporcionar todo su historial médico, así como la información económica y personal necesaria para la acreditación de los requisitos enumerados» (art. 7.3). Resulta cuanto menos chocante que el presunto derecho de la mujer a gestar para otros consista no solo en poner a disposición de terceros su capacidad gestacional durante los nueve meses del embarazo, sino también toda la información sobre su estado de salud, situación económica y personal. La PL no precisa ante quién debe ponerla a disposición, qué es exactamente lo que se le puede exigir que presente y quién puede exigirlo. La PL dispone que: «el examen de la concurrencia de las condiciones y requisitos enumerados en esta Ley se producirá, por los centros públicos habilitados por las Comunidades Autónomas, con ocasión de la inscripción de la mujer en el registro contemplado en esta Ley» (art. 7.4). Este control se lleva a cabo antes de la inscripción en el Registro. Pero no se dice nada acerca de quién tiene que ejercer ese control durante el embarazo. No parece de recibo este margen de incertidumbre, que siempre tenderá a beneficiar a los comitentes en perjuicio de la gestante.

Nos encontramos, pues, con que una mujer pone su capacidad gestacional (lo que es igual que decir todo su ser porque esa capacidad tiene una dimensión tanto corporal como psicológica y social) a disposición de otros durante nueve meses. Se obliga, además, a someterse a todas las pruebas médicas y psicológicas que no se sabe bien quién le exigirá, a hacerlo todo desinteresadamente a cambio de nada y, encima, a correr el riesgo de cometer una infracción que puede ser sancionada con hasta un millón de euros por incumplir con alguno de los requisitos establecidos en términos tan amplios como imprecisos. La PL tiene el atrevimiento de calificar esta relación, en la que la gestante renuncia a derechos tan importantes como la intimidad o integridad física en favor de los comitentes, como expresión de un derecho propio. ¿No es más pertinente hablar de renuncia a derechos que de ejercicio de un derecho?

A pesar de que la evidencia científica es unánime en reconocer las ventajas para el bebé tanto del contacto piel con piel con su madre tras el nacimiento, como de la lactancia materna, la PL dispone que «el progenitor o progenitores subrogantes se harán cargo, a todos los efectos, del niño o niños nacidos inmediatamente después del parto de acuerdo a lo establecido en el contrato de gestación por sustitución» (art. 10.2). Se ve que la satisfacción del deseo gestacional está muy por encima del bien del bebé de mantener el contacto con su madre biológica y de seguir siendo alimentado por ella. Y eso que la Convención de Derechos del Niño (1989) y todas las leyes sobre derechos del niño aprobadas desde entonces consagran el principio del interés superior del menor.

Pero el problema no solo está en la fractura de la relación gestante/bebé tras el parto. También se plantea con el momento a partir del cual se fija la filiación del bebé. Algunos de los países que permiten la gestación por sustitución disponen que la gestante tiene que ratificarse tras el parto en su voluntad de renunciar a la filiación sobre el bebé en favor de los comitentes. Si no lo hace, se queda con él. Esta opción tiene una ventaja y un inconveniente. La ventaja es obvia:

da libertad a la mujer, tras haber vivido la experiencia única que supone cada embarazo, para decidir sobre el bebé que ha gestado. Por el contrario, el inconveniente es grave porque esa indeterminación sobre la filiación del bebé hasta después de su nacimiento dispara la incertidumbre sobre su futuro y el de los comitentes, que no saben a qué atenerse hasta después del parto. Como se ve, la protección de los intereses de una parte trae consigo la desprotección de los de la otra, y viceversa.

Este mismo dilema se produce en función de que demos prioridad al proceso de la gestación o al vínculo genético con el bebé. Si primamos la experiencia fisiológica y psicológica que supone gestar a un bebé, es lógico dar a la gestante la opción de «arrepentirse» de su compromiso de gestar para otros. El problema está en que entonces se puede llegar a quedar con un hijo que no tiene su carga genética. Y lo que entraña más conflictividad: el padre de ese bebé sería una persona con quien la gestante habría acordado una gestación por sustitución que finalmente no habría llevado a cabo. Desde luego, no son las mejores circunstancias para compartir la responsabilidad de criar a un hijo.

Si, por el contrario, primamos el vínculo genético, garantizaremos que el bebé sea en todo caso hijo de quienes aportaron algún gameto en la concepción, pero a costa de reducir a la irrelevancia los nueve meses de embarazo, desde que el embrión apenas tiene unas pocas células hasta que llega a ser un individuo con capacidad de vida extrauterina. A nadie se le escapa que parte importante de cómo somos cada uno de nosotros tiene que ver con ese prolongado periodo de estrecha relación materno-fetal. Y tampoco se puede desconocer que la huella biológica que cada embarazo deja en la mujer es indeleble.

3.4. *Sobre el anonimato acerca de los orígenes biológicos del niño*

Cualquier persona tiene derecho en España a investigar su paternidad, según dispone la Constitución Española en su art. 39. Y si es hijo adoptivo, tiene derecho a conocer sus orígenes biológicos: «Las personas adoptadas, alcanzada la mayoría de edad o durante su minoría de edad a través de sus representantes legales, tendrán derecho a conocer los datos sobre sus orígenes biológicos» (art. 180.6 Código Civil). Sin embargo, si uno ha sido fruto de reproducción asistida, ese derecho queda notablemente restringido: «Los hijos nacidos tienen derecho por sí o por sus representantes legales a obtener información general de los donantes que no incluya su identidad» (art. 5.5 de la Ley de Técnicas de Reproducción Humana Asistida). Este artículo recoge el tenor literal que ya aparecía en la anterior ley 39/1988 de Técnicas de Reproducción Humana Asistida. La ley de 1988 fue objeto de recurso de inconstitucionalidad, entre otras razones, por consagrar ese anonimato del donante, que busca facilitar la donación de gametos en perjuicio de los intereses del niño. A pesar de ello, el Tribunal Constitucional estimó conforme a la Constitución tal disposición por entender que «la acción de reclamación o de investigación de la paternidad se orienta a constituir, entre los sujetos afectados, un vínculo jurídico comprensivo de derechos y obligaciones recíprocos, integrante de la denominada relación paterno-filial» (FJ 15), mientras que el conocimiento de la identidad del donante por parte de la persona resultado de las técnicas de reproducción asistida no tendría como finalidad establecer vínculo paterno-filial alguno. El TC entiende, además, que es suficiente con que los hijos de técnicas de reproducción asistida puedan acceder a toda la información relacionada con los donantes que resulte relevante para su vida y salud, tal como establece la ley. Para reforzar su posición, el TC aporta un último argumento: la ley prescribe el anonimato del donante por:

«la necesidad de cohonestar la obtención de gametos y preembriones susceptibles de ser transferidos al útero materno e imprescindibles para la puesta en práctica de estas técnicas de reproducción asistida..., con el derecho a la intimidad de los donantes, contribuyendo, de tal modo, a favorecer el acceso a estas técnicas de reproducción humana artificial» (FJ 15).

O sea, que los hijos no tienen derecho a conocer la identidad de quienes aportaron los gametos para su concepción porque, si lo tuvieran, sería mucho más difícil conseguir donantes de gametos.

La cuestión que interesa dilucidar ahora es si son consistentes o no los argumentos aducidos por el Tribunal Constitucional para sustentar que los hijos resultantes de donación de gametos carecen del derecho a conocer sus orígenes biológicos, incluida la identidad de los donantes de gametos. Por un lado, tras la reforma del art. 180 del Código Civil de 2015, se establece una dualidad de régimen: si uno es hijo adoptivo, tiene derecho a saber quiénes le engendraron; si, en cambio, es hijo de reproducción asistida, esa información le está vedada. Por otro, al Tribunal Constitucional le parece que el derecho del hijo de reproducción asistida a conocer la identidad del donante puede tener el alcance mucho más limitado que establece la ley de reproducción asistida. Así, solo en circunstancias extraordinarias que supongan un peligro para la vida del hijo, o cuando sea exigible por las leyes procesales penales, podrá revelarse la identidad del donante.

Está bien que se permita conocer la identidad del donante cuando sea necesario para salvaguardar la vida del hijo. Pero ¿es suficiente con eso? ¿No debería asegurarse a cualquier persona el conocimiento acerca de sus orígenes biológicos y quiénes participaron en el inicio de su existencia? No es solo una cuestión de vida, sino de dignidad de la persona y de igualdad ante la ley[3].

Es interesante hacer notar que el Tribunal Constitucional portugués, en una sentencia de hace pocos años que declara la inconstitucionalidad de determinados aspectos de la ley de maternidad subrogada de aquel país, considera contrario a la Constitución mantener el anonimato sobre la identidad no solo de la gestante, sino también de los eventuales donantes de gametos. Se trata de un cambio respecto de la posición que mantuvo en 2009, pero que parece más conforme a los intereses del hijo y a las tendencias europeas en esta materia.

La PL es muy escueta en esta cuestión que, si bien parece imprescindible para los intereses del

---

[3] Garibo, A. P., «El interés superior del menor en los supuestos de maternidad subrogada», *Cuadernos de Bioética*, n. 93, 2017, pp. 245-259.

hijo, probablemente es incómoda para la gestante, los donantes y los comitentes. Lo único que dice la PL es: «En ningún caso, la inscripción en el Registro Civil reflejará datos de los que se pueda inferir el carácter de la generación» (art. 11.3). No hay, por tanto, disposición alguna que garantice el derecho del hijo a conocer sus orígenes biológicos. Parece que todo quede a lo que libremente dispongan sus padres legales.

En nuestra opinión, una norma que regulara la maternidad subrogada en España debería garantizar a los hijos resultantes de esta práctica el acceso a la información fundamental sobre sus orígenes biológicos: que fue fruto de maternidad subrogada, y cuál es la identidad de la gestante y de los eventuales donantes. Tiene todo el sentido que no sea considerada una información pública, pero no que se hurte el acceso del hijo a esa información.

Actualmente nos encontramos en España con la anomalía, que no es exagerado calificar de auténtica discriminación, según la cual, los hijos de adopción tienen derecho a la información sobre sus orígenes biológicos mientras que los de reproducción asistida, no. Ante esta situación, que la PL no parecía estar dispuesta a modificar, el Comité de Bioética de España, en sintonía con las reformas legales que se han venido aprobando en distintos países europeos en los últimos años, abogó en 2020 por «una reforma legal del artículo 5.5 de la Ley de reproducción humana asistida que elimine el actual régimen legal de anonimato en la donación de gametos para la reproducción humana asistida» (p. 53)[4].

3.5. *Otros aspectos criticables*

La PL dispone que «el progenitor o progenitores subrogantes deberán haber agotado o ser incompatibles con las técnicas de reproducción humana asistida» (art. 4.2). Así nos encontramos con que un varón solo podrá acudir sin más trámite a la maternidad subrogada, mientras que la mujer deberá acreditar un problema de incapacidad fisiológica para la gestación. Cabe percibir cierto sesgo machista en este planteamiento: si uno es varón, puede optar directamente por contratar a una mujer que le geste un bebé; si es mujer, solo puede hacerlo en caso de que una patología le impida ser ella misma la gestante. ¿Por qué impedir su acceso a mujeres, que no tienen problemas físicos para gestar, pero a las que les resulta psicológica o socialmente gravoso llevar

---

[4] Comité de Bioética de España, *Informe del Comité de Bioética de España sobre el derecho de los hijos nacidos de las técnicas de reproducción humana asistida a conocer sus orígenes biológicos*, 2020, https://comitedebioetica.isciii.es/wp-content/uploads/2023/10/Informe-del-CBE-sobre-el-derecho-de-los-hijos-nacidos-de-las-TRHA.pdf

adelante su propia gestación? Desde la lógica interna a la PL no tiene sentido esa restricción, que, como decimos, presenta claros tintes discriminatorios.

La PL de 2023 presenta un cambio relevante con respecto a lo que proponía la de 2017. Entonces se disponía que «la mujer gestante por subrogación no podrá tener vínculo de consanguinidad con el o los progenitores subrogantes» (art. 4.3 PL 2017), mientras que ahora se consagra lo contrario: «No existirá impedimento para la existencia de vínculo de consanguinidad entre la mujer gestante y los progenitores subrogantes» (art. 4.3 PL 2023). Entre los países que han legalizado la maternidad subrogada existe una notable diversidad de criterios en este punto. Los hay que solo permiten que sean familiares las gestantes por sustitución. Entienden que el vínculo de consanguinidad es la mejor garantía de altruismo y ausencia de explotación. Otros países, en cambio, permiten que cualquier mujer, con o sin vínculo de consanguinidad con los progenitores subrogantes, pueda serlo. Finalmente hay países que prohíben que la gestante tenga vínculo de consanguinidad con los comitentes. En principio, es menos probable el riesgo de explotación si la gestante necesariamente ha de ser alguien de la familia. Pero entraña otros problemas. Si la única opción que permite la ley es recurrir a una mujer de la familia, es fácil que se creen tensiones internas cuando un miembro de la familia quiera tener un hijo por esta vía y las que podrían ejercer de gestantes no quieren hacerlo. Pero lo más grave es que, si la gestante tiene lazos de consanguinidad con los comitentes, surgirá una duplicidad de vínculos entre ella y el bebé que puede resultar problemática tanto para el bebé como para toda la familia. No es inocuo que la abuela legal de un niño sea, al mismo tiempo, su madre biológica. Como ha dicho el Comité de Bioética de España:

En definitiva, la pretendida excelencia moral que lleva a una mujer a prestarse de manera altruista a gestar para un familiar cercano, puede convertirse en un arma de doble filo, puesto que fácilmente puede generar un grave conflicto emocional en el menor ante el descubrimiento de una realidad inesperada; puede generar conflictos emocionales en la propia madre gestante, si no se es capaz de asumir emocionalmente un rol diferente al de madre en un contexto de relación estrecha con el menor; y puede llegar a causar conflictos de relación con el familiar comitente a la hora de determinar el rol que debe tener la gestante frente al menor[5].

---

[5] Comité de Bioética e España, *Informe del Comité de Bioética de España sobre los aspectos éticos y jurídicos de la mater-*

En la medida en que España permite el aborto en las primeras 14 semanas de gestación, la PL se plantea la cuestión de quién es la competente para decidir sobre el aborto del *nasciturus* fruto de maternidad subrogada: la gestante o los comitentes. La PL dispone que la gestante es la única con capacidad de decidir sobre el aborto del feto que está gestando. Pero este criterio plantea algunos dilemas de difícil (por no decir imposible) solución. Imaginemos que la gestante decide abortar. Es un bebé con el que no tiene ningún vínculo genético ni de filiación. ¿Puede la gestante decidir, sin más, que no quiere seguir con esa gestación, someterse a un aborto y eludir cualquier responsabilidad ante los progenitores subrogantes? Más bien se puede pensar que no, aunque la PL se cuida de decir nada al respecto. El bebé es genéticamente de alguno de los comitentes y entre gestante y comitentes existe un contrato firmado ante notario por el que la gestante renuncia a la filiación desde el momento en que se le transfiere el embrión. Si ni desde el punto de vista genético ni legal tiene nada que ver con ese bebé, el único título al que la gestante puede acogerse para legitimar su

nidad subrogada, 2017, p. 76, https://comitedebioetica.isciii.es/wp-content/uploads/2023/10/informe_comite_bioetica_aspectos_eticos_juridicos_maternidad_subrogada.002.pdf

aborto es que está alojado en su cuerpo, sobre el que solo ella tiene derecho a decidir. Pero en el contrato ya había renunciado al completo control sobre su cuerpo desde el momento en que se comprometía, entre otras cosas, a someterse en todo momento a las evaluaciones médicas y psicológicas y a poner a disposición la historia clínica. Sin perjuicio de que finalmente se haga prevalecer la ley del aborto vigente en España, que establece la libertad de la mujer para abortar, es indudable que entre gestante y comitentes se producen conflictos de imposible resolución.

Pero también podemos pensar en el caso opuesto: aquel en el que son los progenitores subrogantes quienes solicitan a la gestante que aborte por las razones que sea (porque el feto sufre una patología congénita, porque han dejado de convivir y no quieren continuar con el proyecto reproductivo, etc.). Siendo el bebé de los comitentes y para los comitentes, algunos podrían estimar exigible la demanda de aborto. No parece que nuestra Constitución lo permitiese. La PL no lo contempla y, por el contrario, establece que los progenitores subrogantes se harán cargo del bebé. Pero siempre podrán renunciar a él tras el nacimiento. Alucinante situación (que no parece integrarse bien con el principio del interés superior del menor) en la que una mujer gesta un bebé para otros, estos no se quedan con él, y el niño acaba siendo entregado en adopción.

3.6. *Algunas propuestas y conclusiones*

A la vista de todo lo anterior, podemos llegar a tres conclusiones principales.

Primera. Aunque las dos PL que presentó Ciudadanos en el Congreso de los Diputados en 2017 y 2023 presuman de consagrar un nuevo derecho, el derecho tanto de las gestantes como de los comitentes a la gestación por sustitución, en realidad se limitaban a regular un contrato. Y se dice que es un contrato gratuito cuando, más bien, estamos ante un contrato que debe considerarse nulo porque su objeto son bienes *extra commercium*, como son la capacidad gestacional de la mujer y el bebé mismo resultante de la gestación. Ese contrato debería también considerarse contrario a la Constitución porque impone a la mujer gestante unas exigencias incompatibles con sus derechos fundamentales. Las más obvias son dos. Primera, la gestante renuncia a la filiación sobre el bebé que va a gestar antes de que le implanten el embrión en su útero. Puesto que no tiene ningún vínculo genético con el bebé, y en el contrato se ha dispuesto que en ningún momento tendrá la condición de hijo suyo, la mujer se limita a aportar «únicamente» su capacidad gestacional. En consecuencia, deberá empeñarse en evitar cualquier vínculo afectivo con el bebé que pueda conducirle a desearlo como propio. Si, por lo que sea, «fracasa» en ese empeño, igualmente se le exigirá la entrega del bebé tras el parto, sin que nadie se preocupe de los daños psicológicos que pueda sufrir. Se trata, en definitiva, de la renuncia a todo derecho derivado de su maternidad. Segunda, y como consecuencia de la anterior, la gestante deberá someterse antes y durante la gestación a exámenes psicológicos y médicos, y poner a disposición la historia clínica, así como una indeterminada información sobre su situación personal y económica. Se trata de una renuncia del derecho a la intimidad durante los nueve meses de embarazo.

En consecuencia, la gestante pone en juego todo su ser durante el embarazo; renuncia a cualquier derecho sobre la filiación del bebé que está gestando; se compromete a que su historial médico y muchos aspectos de su vida estén sometidos a un permanente escrutinio durante ese tiempo; y, aunque no se diga expresamente, deberá reprimir cualquier vínculo afectivo-maternal que pueda aparecer durante el embarazo. Y todo ello lo hará desinteresadamente. ¿Realmente se puede hablar de un nuevo derecho cuando la gestación por sustitución consiste en renunciar a derechos fundamentales?

Segunda. Si se quiere plantear un contrato de maternidad subrogada que sea, al mismo tiempo, gratuito y garantista para la gestante, la PL debería corregir en todo caso determinados aspectos. En primer lugar, debería reconocer el derecho de la mujer a «arrepentirse» de gestar para otros. Para ello, bastaría con que tuviera que ratificarse en su voluntad de renunciar a la filiación sobre el bebé tras el parto. Reino Unido lo dispone así desde hace muchos años. En segundo lugar, la maternidad subrogada debería salir de la lógica contractual y someterse a la de las prestaciones públicas. Solo de esa manera se garantizarían los siguientes bienes: la igualdad en el acceso; la gratuidad del servicio prestado por la gestante; la gratuidad de la prestación (ya que no intervendrían agencias mediadoras privadas, que se lucran con esa actividad); y la protección de la gestante frente a intromisiones indebidas.

Tercera. El cambio sugerido en el punto anterior debería ir necesariamente acompañado de una tercera medida destinada a acabar con la práctica de la maternidad subrogada a nivel internacional. La reciente Ley Orgánica 1/2023, de 28 de febrero, por la que se modifica la Ley Orgánica 2/2010, de 3 de marzo, de salud sexual y reproductiva y de la interrupción voluntaria del embarazo, como hemos visto, incorpora dos referencias sobre gestación por sustitución dirigidas precisamente a neutralizar la actividad de las agencias que median para llevar a cabo este tipo de contratos a nivel internacional. Si, como sostienen las PL, entendemos que la maternidad subrogada debería llevarse a cabo solo en unas condiciones que garanticen los derechos de la gestante, y no conduzcan a su explotación, no bastaría con que los poderes públicos la prestaran en España bajo rigurosas condiciones. Sería fundamental hacer lo posible para que los españoles no recurrieran a la maternidad subrogada en el extranjero, donde no se puede garantizar que los derechos de las gestantes vayan a ser respetados. No tiene sentido que España consienta en el extranjero lo que no acepta en su territorio. Hacerlo iría contra lo que se conoce como el orden público internacional en España. Desgraciadamente, la experiencia de la maternidad subrogada internacional confirma que las prácticas de explotación son comunes porque los países que ofrecen el «servicio» son mayoritariamente pobres, las mujeres que ofrecen el «servicio» son mayoritariamente pobres y la cultura de esos países es mayoritariamente patriarcal.

Aun con una posición activa del Estado contra la maternidad subrogada internacional, como la que mantiene España en estos momentos, mientras no exista una prohibición universal efectiva, se podrá seguir recurriendo a la maternidad subrogada internacional. El caso típico sería el de un varón que recurriera a ella aportando su esperma y que, una vez el niño hubiera nacido, ejerciera la acción de paternidad y lograra la inscripción de la filiación a su favor. Eso no quiere decir que la prohibición vigente en España sea ineficaz. La práctica no se convierte en completamente imposible, es cierto, pero se consigue, al menos, desmontar la estructura de agencias mediadoras creada en los últimos años que posibilitan ser padres por esta vía a cualquier español que lo desee y disponga del dinero suficiente.

Si se quiere que la maternidad subrogada sea realmente altruista y que la capacidad económica de los comitentes no condicione las posibilidades de conseguir un hijo por esta vía; si verdaderamente se quiere evitar el riesgo de explotación a las gestantes; si se quiere que lo que nos parece inadmisible en España no lo fomentemos en el extranjero, la PL debería incorporar las tres exigencias mencionadas. Aún nos quedarían muchos aspectos que pulir de la PL, y los bebés seguirían estando expuestos a graves riesgos para su desarrollo que probablemente no deberían tolerarse, pero se habrían dado algunos pasos para reducir el riesgo de desprotección de la mujer gestante.

Ahora bien, todavía tendríamos que plantearnos tres preguntas antes de continuar por ese camino de reforma legislativa.

¿Serviría esta regulación para atender la demanda social de maternidad subrogada? La experiencia dice que la oferta de mujeres dispuestas a gestar de forma completamente altruista para otras personas es extraordinariamente baja e insuficiente para satisfacer la demanda. En consecuencia, la presión para cambiar la norma sería enorme. En el caso de los trasplantes de órganos, se acepta de forma general que se trata de un bien muy escaso, que la igualdad en el acceso exige establecer listas de espera basadas en criterios objetivos y que cualquier alternativa regulatoria menos rigurosa probablemente sería más perjudicial para todo el sistema de donación. Entre los partidarios de legalizar la maternidad subrogada, y entre los que aspiran a beneficiarse de ella, no se asumen esos presupuestos. Por lo cual, la PL corregida con las propuestas que planteamos no sería vista como un punto final de acuerdo, sino, más bien, un punto de partida para conseguir una norma más adecuada.

¿Estaría protegido el interés superior del menor? Si entendemos que cualquier persona tiene derecho a que su madre sea la que lo ha parido, evidentemente, no. Todo el conocimiento en el campo de la medicina fetal y perinatal subraya la trascendencia que tiene para la vida y el desarrollo del bebé el contacto con su madre biológica. Claro que los genes son importantes, pero igualmente lo es el intercambio fisiológico que se establece entre madre e hijo desde el inicio de la gestación hasta los primeros meses de vida. Ya no es solo el vínculo afectivo que se produce entre ambos: es que parte del carácter único que tiene cada bebé tiene que ver con las condiciones únicas en que fue gestado. Decir, por ello, que el bebé es más de quienes aportaron los genes que de quien lo gestó no parece correcto.

¿Quedarían suficientemente salvaguardadas la dignidad y derechos de la gestante con las medidas propuestas? Si pensamos que lo único que hay que conjurar es el riesgo de mercantilización del cuerpo de la mujer y de intromisión en su intimidad, quizá la respuesta podría ser afirmativa. Pero si entendemos que el proceso de gestación crea un vínculo único entre madre e hijo, que el Derecho debe proteger el interés de ambos y de la sociedad en su conjunto (que se sostiene en la fortaleza de ese vínculo procreativo), entonces la respuesta sería negativa.

Por todo ello, y después de haber explorado propuestas normativas dirigidas a proteger los derechos de las partes afectadas en la maternidad subrogada, en nuestra opinión es imposible llevar a cabo la gestación por sustitución sin que la gestante se convierta en objeto de explotación, aunque sea con su consentimiento; y sin que el bebé quede despojado de un bien tan básico y fundamental como es que su madre sea la que le ha parido. Pero si este punto de vista no es suficientemente compartido por una mayoría social, entendemos que la única vía de regular la maternidad subrogada es bajo las estrictas condiciones apuntadas.

¿Qué acabará sucediendo? En España, a fecha de hoy, no está en la agenda legislativa reformar la maternidad subrogada. Al contrario, la última norma que se ha ocupado de esta cuestión, que es la reforma de la ley del aborto de 2023, busca reducir aún más las opciones de que se recurra a la maternidad subrogada en el extranjero. Ello no quita para que en futuras legislaturas el asunto vuelva a discutirse en sede parlamentaria. Como hemos señalado antes, sigue el goteo de países que regulan la maternidad subrogada. A nuestro parecer, lo deseable sería que se mantuviera la regulación vigente y que se aplicara rigurosamente por los jueces. Al mismo tiempo, como propuso el Comité de Bioética de España en 2017 y la Declaración de Casablanca de 2023, sería crucial la aprobación de una convención universal dirigida a prohibir la maternidad subrogada internacional. Esto último, sin embargo, parece sumamente improbable por el momento, habida cuenta de la diversidad de pareceres sobre este asunto que concurren en la escena internacional.

Pero con independencia de lo que vaya sucediendo, y más allá de la posibilidad de concebir regulaciones que satisfagan deseos (de ser padres por maternidad subrogada) sin explotar a personas, es ineludible debatir sobre las bases antropológicas y éticas desde las que ineludiblemente se ha de comprender la procreación humana. Cualquier regulación que tenga que ver con la procreación se sustentará en una determinada visión del ser humano y de la relevancia social de la procreación. Nosotros hemos presentado la que nos parece más plausible en la primera parte del trabajo. Estamos dispuestos a revisarla siempre que se presente una alternativa, total o parcial, que resulte más acertada. No lo vemos probable porque, a nuestro parecer, la que ofrecemos identifica los elementos fundamentales que todo ordenamiento jurídico debería salvaguardar en la relación paterno-filial: que la maternidad está vinculada a la gestación y al parto, no al deseo; que todo ser humano es engendrado, no producido; y que todo hijo es, a la vez, menor y mayor que sus padres.

La maternidad subrogada es una práctica que, si bien se funda en el legítimo y poderoso deseo de tener un hijo, recurre a unos medios para satisfacer ese deseo que son contrarios a lo que debe regir en la relación paterno-filial. Pero aunque se descarten esas bases antropológicas y se asuman otras, en las que el deseo de maternidad o paternidad justifique el recurso a una mujer para que geste al hijo de otros, los riesgos de explotación de la mujer y de reducción del hijo a mercancía son tan grandes, que no debería permitirse con carácter general.